大唐帝国的荣华与衰亡

杨贵妃

［日］村山吉广 /著

虞　薇
费　悦 /译

李晓红 /校

山西出版传媒集团

山西人民出版社

图书在版编目（CIP）数据

杨贵妃：大唐帝国的荣华与衰亡 / (日) 村山吉广
著；虞薇，费悦译. — 太原：山西人民出版社，2024.3
　　ISBN 978-7-203-13210-3

　　Ⅰ. ①杨… Ⅱ. ①村… ②虞… ③费… Ⅲ. ①杨贵妃
(719-756) —人物研究 Ⅳ. ①K828.5

中国国家版本馆CIP数据核字(2024)第014709号

著作权合同登记号 图字：04—2023—016
《YOUKIHI DAITOUTEIKOKU NO EIGA TO METSUBOU》
© Yoshihiro Murayama 2019
All rights reserved.
Original Japanese edition published by KODANSHA LTD.
Publication rights for Simplified Chinese character edition arranged with KODANSHA LTD.
through KODANSHA BEIJING CULTURE LTD. Beijing,China
本书由日本讲谈社正式授权，版权所有，未经书面同意，不得以任何方式做全面或局部翻印、仿制或转载。

杨贵妃：大唐帝国的荣华与衰亡

著　　者：(日) 村山吉广
译　　者：虞　薇　费　悦
校　　者：李晓红
责任编辑：崔人杰
复　　审：傅晓红
终　　审：梁晋华
装帧设计：陈　婷

出 版 者：山西出版传媒集团·山西人民出版社
地　　址：太原市建设南路21号
邮　　编：030012
发行营销：0351—4922220　4955996　4956039　4922127（传真）
天猫官网：https://sxrmcbs.tmall.com　电话：0351—4922159
E — mail：sxskcb@163.com　发行部
　　　　　sxskcb@126.com　总编室
网　　址：www.sxskcb.com

经 销 者：山西出版传媒集团·山西人民出版社
承 印 厂：山西出版传媒集团·山西人民印刷有限责任公司

开　　本：890mm×1240mm　1/32
印　　张：8.25
字　　数：165千字
版　　次：2024年 3 月　第 1 版
印　　次：2024年 3 月　第 1 次印刷
书　　号：ISBN 978-7-203-13210-3
定　　价：79.00元

如有印装质量问题请与本社联系调换

杨贵妃像画轴（著者藏）

前　言

　　史书记载简略，不足以连缀起杨贵妃一生之传。能填补其空白的是传说，但传说终究只是传说，并非史实。近松门左卫门①主张艺术的真实介于事实与虚构之间，我的这本书也是在虚实皮膜之间寻求杨贵妃的实像。由于使玄宗怠政而引发安禄山叛乱，杨贵妃被一些人视为"妖姬"，但她的一生中却没有算得上"恶逆"的行为。原本打算写作小说《杨贵妃》的鲁迅也

---

　　① 日本元文三年(1738)刊《净瑠璃评注难波土产》记载近松门左卫门(1653—1725)提出："所谓艺，是介于实与虚的皮膜之间的东西。……虚而不虚，实而不实，此间有慰者也。"这就是日本演剧史上著名的"虚实皮膜论"。"实"与"虚"即"事实"与"虚构"，"皮膜"即皮肤和粘膜，比喻难以区分的微妙差异。"虚实皮膜论"主张艺术介于事实与虚构的微妙界限上，唯有在事实与虚构的微妙之间，才有艺术的真实。案：本书所有注释均为译、校者注，下同。

同情她,他说,"杨贵妃不是坏女人,坏的是男人"①。我并非女权主义者,但我读到的杨贵妃不如说是作为"可爱的女人"被呈现出来。

然而,不管杨贵妃是坏女人还是可爱的女人,我执笔的动机都是"与时俱进地描写杨贵妃"。

公元七世纪建立起世界帝国的唐朝之荣华、在大都长安展开的玄宗与杨贵妃的绚烂生活、因安史之乱一举恶化的社会,其底部暗流涌动着什么? 我期待着读者一边结合历史,一边尽情徜徉在杨贵妃的故事世界中。

这本书不厌其烦地将原始资料一一呈现给读者,是为了尽可能即时地加入故事情节。它们都写成了简洁的训读文,难懂的汉字标注了注音假名,加上了词解,还附有白话文翻译。期望读者能有所领会地说,哦,这样的故事原来是基于这样的资料流传开来的呢!

---

① 鲁迅一贯反对"女祸论",在《我之节烈观》中提出:"所以历史上亡国败家的原因,每每归咎女子。糊糊涂涂的代担全体的罪恶,已经三千多年了"(收入《坟》,见《鲁迅全集》第一卷,人民文学出版社,2005年);在《女人未必多说谎》中更提到:"譬如罢,关于杨妃,禄山之乱以后的文人就都撒着大谎,玄宗逍遥事外,倒说是许多坏事情都由她,敢说'不闻夏殷衰,中自诛褒妲'的有几个。就是妲己、褒姒,也还不是一样的事? 女人的替自己和男人伏罪,真是太长远了。"(收入《花边文学》,见《鲁迅全集》第五卷,人民文学出版社,2005年)

目　录

第一章
玄宗与其时代

玄宗登场

　　唐王朝的奠基者太宗李世民于贞观二十三年（649）去世后，高宗即位。他作为第三代皇帝，当时年仅二十二岁，由长孙无忌和褚遂良辅政。这二人都是唐初的功臣。长孙无忌出身北魏望族，是高宗生母的兄长。褚遂良以书法闻名后世。

　　高宗统治时期，正是以此二人为核心的贵族官僚当政的时代。他们在定洛阳为东都、改革币制，对外灭百济、伐高句丽、占领平壤并于该地区设置安东都护府等方面立下了赫赫功勋。

　　但高宗还是不顾长孙无忌等人的反对，废皇后王氏，另立武氏，即武后。这是高宗不满长孙无忌等外戚的势力，联合反长孙无忌派的官僚和没有门阀背景的新官僚一起行动的。站在高宗立场的官员有李勣、许敬宗等人，他们借端生事，

玄宗像

致使长孙无忌、褚遂良一派全部被贬职。

　　然而，高宗不久便患风疾（即中风），无法亲自处理政治事务。武后趁此机会代替高宗进行政治斗争，甚至无视高宗的意志，行使独裁权力。

　　武后，名照，她的父亲是为唐朝开国作出过贡献的山西省大木材商武士彟。她是一位美貌出众的女性，原本在太宗的后宫侍奉，太宗死后成了尼姑，又被高宗再次选召入宫，进而成为皇后，通常被称为"则天武后"。

弘道元年（683）高宗去世后，武后之子中宗、睿宗相继即位。但在不久之后的天授元年（690），武后自己称帝，改国号为"周"。此后她君临天下十五年，是中国历史上唯一的女皇帝。她利用密探收集情报，不仅镇压杀害了李唐的宗室贵族数百人，对武氏一族也毫不留情。此外，她也致力于起用狄仁杰和魏元忠①等人来活跃政治。在文化方面，她创制了被称为"则天文字"的新字，并使其广行于世。尽管身为女性，但她压制丈夫掌握权力，发挥出绝代女杰之风采。

然而，此权力之夺取与维持的背后，存在着唐王朝初期贵族和官僚之间的对立，唐王室的权力根基的脆弱性显露了出来。

神龙元年（705）正月张柬之等人发动武装政变，年老体衰的则天武后被迫退位，她的儿子中宗李显即位。这是李唐王朝的复辟。因为中宗曾一度登上皇位，但仅五十余日就被母亲武后废黜，故而这次是"复位"。②虽然这期间他一直在惶惶不安中过着不自由的生活，但他本就愚笨。

中宗复位的同时，曾经的皇后韦氏也再次成为了皇后。

---

① 原文作"魏元"，误脱"忠"字。

② 弘道元年（683）底唐高宗李治去世，时为太子的武则天第三子李显即位为中宗皇帝，武则天临朝称制。不久武则天就废中宗为庐陵王，改立第四子李旦为睿宗皇帝，到天授元年（690）革唐为周时再降睿宗为皇嗣。故而下文写太平公主谋划李旦出场也用了"复位"一词。

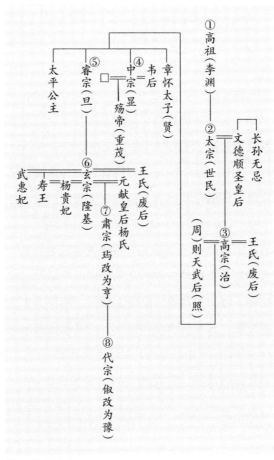

唐王朝谱系图

与丈夫中宗不同，她是个富有行动力的野心家。也许是出于对丈夫的不耐烦，她开始逐步干涉政治。也因其丈夫无能，政治倒以韦后为中心进行。如此，世间呈现出则天武后再世的景象。在男性关系方面，韦后似乎对丈夫也不满意，在私生活上让丈夫不安烦躁。愚笨的丈夫禁不住发牢骚，反而使韦后的态度变得更加强硬。韦后和未婚的女儿安乐公主①合谋，让中宗吃下了掺入毒药的饼馐。中宗不幸去世，时年五十五岁，距复位还不到六年。

杀死中宗之后，韦后几乎自为女帝，意图立安乐公主为皇太女，建立长期政权。妨碍这一切的是太平公主的存在。她是中宗的妹妹，在宫中很有势力。

太平公主策划着高宗第八皇子相王李旦（睿宗）的复位。而另一边，韦后和安乐公主拥立中宗的第四皇子温王李重茂为皇太子，推进韦后全面掌控政治的摄政计划。李重茂年仅十四岁，故而对于韦后的"则天武后化"来说是合适的。不久，便如韦后所设想的那样，李重茂登基，尊韦后为皇太后。虽然成为皇太后，但韦后顾忌太平公主手中的棋子李旦，认为他的存在将来会动摇自己的谋划，她早已开始思量杀害他

① 安乐公主先嫁武三思之子武崇训，神龙三年（707）武崇训在太子李重俊发动的政变中被杀；景龙二年（708）十一月己卯安乐公主再嫁武延秀（详参孟宪实《出土文献与中古史研究·〈安乐公主墓志〉初探》，中华书局2017年），则景龙四年（710）中宗去世时安乐公主处在已婚状态。

的办法。

然而宫中反韦后势力一派方面,太平公主与李旦的第三子李隆基取得联系,在李旦被杀害之前先发制人,发动了旨在诛灭韦后一派的武装政变。年轻的李隆基把近卫兵拉拢到己方阵营,随即毅然发动了武装政变。韦后被卫兵斩首,安乐公主也在镜前梳妆时被袭击身亡。①

这是中宗被毒害后短短十九日之内发生的事情。由于李重茂只是被推到台前的傀儡,因此并没有受到责罚。太平公主代替韦后辅政,但不久便以让位于李旦的形式从政治舞台上隐退了。十四岁的少年重茂,仅有在周围大人们的黑暗阴谋中被利用的价值。表面上,他虽然登上帝位,留下了"殇帝"的名号,但却没有进入唐王朝的帝王谱系。

拥戴李旦(也就是睿宗)的,是他的妹妹太平公主。她从一开始就有把这个老实的哥哥傀儡化从而实现自己像武后

---

① 此处著者所据或为《资治通鉴》,与两《唐书》记载略有不同。只有《通鉴》记载安乐公主方照镜画眉时被军士斩杀。而《旧唐书》记载安乐公主和韦后枭首于东市,《新唐书》记载安乐公主死于右延明门,都不在镜前。见《资治通鉴》卷二〇九《唐纪二十五》"睿宗景云元年(710)"条([宋]司马光编著,[元]胡三省注《资治通鉴》,中华书局,1956年);《旧唐书》卷五一《后妃上·中宗韦庶人》([后晋]刘昫等撰《旧唐书》,中华书局,1975年);《新唐书》卷八三《诸帝公主·中宗八女》([宋]欧阳修、宋祁撰《新唐书》,中华书局,1975年)。

和韦后那样掌握权势的梦想。睿宗也是一个被品性恶劣的妹妹盯上的悲剧人物。但是睿宗有一个豪迈的儿子李隆基，作为武装政变的执行者，他的存在感很强。

睿宗绝不是愚笨之人，只不过淡泊世事，不具备冲破政治惊涛骇浪的强力。他即位的同时，必须承受妹妹太平公主和儿子李隆基之间对立抗争产生的紧张。目睹了政变—暗杀—政变—暗杀这种修罗场的反复上演，睿宗坚定了提前退位的意志。做出决断是在延和元年（712）的七月，在他即位的第三年。太平公主自然激烈地反对，但是睿宗坚持了自己的意志。八月，李隆基即位，改年号为先天。新皇二十八岁，青年皇帝玄宗就这样登场了。

玄宗是唐朝的第六代皇帝，讳隆基，睿宗第三子，母亲窦氏，则天武后垂拱元年（685）出生于东都洛阳。据说他性格豪迈，多才多艺，不仅精通音律、历象之学，还擅长骑射。

最初他被封为楚王，后又改封临淄王，这是他居于人下受到压迫的时期。不久，通过与太平公主发动的武装政变，他的父亲睿宗得以即位，他被封为平王，最终登上了皇太子的宝座。

玄宗成为皇帝之后的头等大事，就是打压太平公主及其连结的宫廷官僚一派。即位不足一年，玄宗的耳边就传来太平公主方面图谋废立的消息。太平公主和宰相窦怀贞等人权衡之后预计在先天二年（713）七月四日起事。玄宗将计就计，在前一天的七月三日先发制人，率领三百余士兵攻入皇宫，捉拿并斩杀了太平公主一党的官僚。太平公主虽从宫中逃脱，但不久就被抓获并判决死罪。

基于武、韦两后的"女祸"及其余波——太平公主谋反，至此终结。长久以来被乌云笼罩的李唐的命运终于重见光明。于是，玄宗在这一年的十二月将年号"先天"改为"开元"。这个年号沿用了三十年，直至742年改元"天宝"，"天宝"也持续了十五年，直到玄宗退位。世称唐王朝的鼎盛时期为"开元之治"，称玄宗的统治时期为"开元·天宝时代"，便是由此而来。

玄宗之所以能够在接二连三的武装政变中取得成功，很大程度上是因为他早就把被称为"羽林军"的近卫兵笼络到了自己麾下。这也是日后这些军士居功自傲、在长安城中横行霸道的原因。然而仅仅依靠军事力量是无法维系政权的。唐王朝自创业以来，便致力于政治制度的建设，但仍有不足。尚未解决的政治问题堆积如山。豪迈的青年皇帝的出现，正是那些深感政治改革必要性的贵族官僚们支持与期待的结果。

玄宗立即重用了姚崇、宋璟等有才干的大臣，首先着手官制改革。于开元元年（713）修改官名，使之焕然一新。次年颁布了奢侈禁制令。地方制度的改革也悬而未决，但开元二十一年（733）将天下从以前的十道改分为了十五道。①与此同时，改革当时正在崩溃之中的"府兵制"，坚决实行"募兵制"，采用引回流民和逃户等从人口调查中遗漏的人民之政策。此外，还在边境要地设置了十节度使，使得对域外的压力剧增，从而极大地弘扬了国威。

玄宗提出的"选贤任能"和"富国强兵"政策渐渐收到成效，与唐初太宗的"贞观之治"并称的"开元之治"诞生了。辅佐玄宗的名臣除了姚崇、宋璟，还有张说、韩休、张九龄等人。天公作美，连年丰收，加之没有严重的外患，社会和人心都安定下来，举国上下都洋溢着太平盛世的气氛。

《旧唐书·玄宗本纪》"开元二十八年（740）"条有如下记录：

> 其时频岁丰稔，京师米斛不满二百，天下乂安，虽行万里不持兵刃。

---

①唐朝地方行政区域名称中的"道"，约相当于今天的省级行政单位。《资治通鉴》卷二一三《唐纪二十九》"玄宗开元二十一年（733）"条载该年唐玄宗将全国分为京畿道、都畿道、关内道、河南道、河东道、河北道、陇右道、山南东道、山南西道、剑南道、淮南道、江南东道、江南西道、黔中道、岭南道共十五个道。其他说法可参读严耕望《景云十三道与开元十六道》（《历史语言研究所集刊》第36本上，台湾商务印书馆，1965-12-01）一文。

"乂安"即"太平"，"兵刃"指武器、刀，是说无论赤手空拳地去到哪里都可以放心。

人们也为这盛运而欢喜，都城长安市内民众熙熙攘攘，呈现出好似日日过节的景象。玄宗的诞辰八月初五成了举国欢庆的节日。这一天，最早叫作"千秋节"，意为"千秋万代"，以祝愿天子长寿。之后又取意"天长地久"而改称"天长节"。玄宗于宫中赐宴百官的同时，也令民间百姓宴乐，这一天的长安充满了喜悦的色彩。一年之中其他的活动也举办得盛大。尤其是宫中的新年宴会，汇集了三百里内外的乐师同台竞技。在民间，正月十五元宵节这天，家家户户都张灯结彩，彻夜狂欢。

对外关系也很顺利。困扰唐王朝多年的突厥默啜可汗被部下所杀，首级被送到长安。契丹的首领李失活和奚族的首领李太辅①率部归降，且都被封为郡王。如此一来，曾一度失去的营州（辽宁省朝阳县）的土地又回归中国。日本也甄选人才，委派遣唐使多次出访唐帝国。山上忆良、阿倍仲麻吕、玄昉、吉备真备等人也正在这一时期到访。仲麻吕还在玄宗朝出仕，成为北海郡开国公，据说玄宗逃往蜀地时，他也随行其中。

---

① 《旧唐书》作"李大辅"，《唐会要》《资治通鉴》作"李大酺"。

勤勉政务的玄宗（《帝鉴图说》）

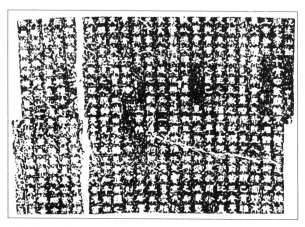

《纪泰山铭》拓本

开元十三年（725）玄宗在泰山举行了封禅仪式。这是继其祖父高宗后的重大祭祀，也是"盛世荣耀"的证明。《纪泰山铭》的碑文被刻写在泰山山顶的山崖上，至今犹存。这篇铭文由玄宗亲自创作，碑文的隶书也是玄宗亲笔所写。"泰山封禅"一事，在《旧唐书·玄宗本纪》"开元十三年"条记载如下：

冬十月（中略）辛酉，东封泰山，发自东都。十一月（中略）己丑，日南至，备法驾登山，仗卫罗列岳下百余里。（中略）上与宰臣、礼官升山。庚寅，祀昊天上帝于上坛，有司祀五帝百神于下坛。礼毕，藏玉册于封祀坛之石礈，然后燔柴。燎发，群臣称万岁，传呼自山

> 顶至岳下，震动山谷。（中略）壬辰，御帐殿受朝贺，大
> 赦天下，流人未还者放还。（中略）甲午，发岱岳。丙
> 申，幸孔子宅，亲设奠祭。十二月己巳，至东都。时累
> 岁丰稔，东都米斗十钱，青、齐米斗五钱。

"玉册"是由玉简制作而成的，用以书写天子诏敕一类的东西。"石礥"是石头做的箱箧。"燔柴"是指将玉帛、牺牲等放置于积柴之上焚烧以祭天。"燎"即燃烧篝火，同样是祭天的仪式，"岱岳"等同于"泰山"。这一记载很好地传达了丰收连年、四海波静的讯息。

花舞长安春

人们常用"大唐"或"盛唐"来称赞唐代，意即"伟大的唐""昌盛的唐"。唐王朝是一个令周边诸国敬畏的大国，而其立于繁荣之巅则是在玄宗时代。"盛唐"一词，有时也作为文学史分段的名称。文学史一般将唐代四分为初唐、盛唐、中唐和晚唐，即所谓的"四唐"。其中，"盛唐"指的是从玄宗开元元年到代宗大历元年（713—766）这一时期。李白、杜甫、王维、孟浩然、高适等著名诗人群星闪耀，留下了纷繁多姿的作品，为大唐盛世增光添彩。

杜甫题为《忆昔》的诗的开头追忆了唐朝的全盛时期，吟咏如下：

> 忆昔开元全盛日，小邑犹藏万家室。
>
> 稻米流脂粟米白，公私仓廪俱丰实。
>
> 九州道路无豺虎，远行不劳吉日出。
>
> 齐纨鲁缟车班班，男耕女桑不相失。
>
> 宫中圣人奏云门，天下朋友皆胶漆。

"豺虎"指"盗贼"，"齐纨"指"齐国的白色丝绢"，"鲁缟"指"鲁国的白色丝绢"，二者都是当地的特产。"班班"极言数量之多，"胶漆"指"胶和漆"，都是具有粘性的东西，形容交情很好。其诗大意如下：

回忆起往昔开元盛世，小城中也有万户人家。田地里的稻谷长势很好，稻米和粟米像流动的白色的油脂一样，公家的和私人的粮仓都堆满了粮食。天下的道路上都没有盗贼，即使远行也不必再通过占卜特别挑选吉日。京城大道上，运载齐国和鲁国丝绢的车辆络绎不绝地驶来。男耕女织，都没有耽误耕种和养蚕的最佳时期。在宫中天子御前演奏着绝佳的《云门曲》，天下的朋友们都如胶似漆、亲密无间。

都城长安是盛唐繁荣的象征，诗人岑参有"长安城中百万家"之句。据说长安有二十万户，如按一户平均五人计算，确实有一百万人居住其间。作为百万人口的大都市，不仅拥有世界上最多的常住人口，还有许多来自五湖四海的外国人居住于此，所谓的"大唐之都"的确是名副其实的国际都市。

玄宗和杨贵妃的罗曼史是在长安展开的，但宫廷中人和普通民众是如何在此生活度日的呢?

以朱雀大街相隔的长安城的东部和西部,分别坐落着"东市"和"西市",这里是民众的集市,相当于西方城市中常见的 marketplace。我国[1]的空海、圆仁、遣唐使一行也曾到访长安,他们在东市和西市时,也曾眺望着攒聚在这里的形形色色的身影吧。

继隋朝之后,唐代完成了东西向长达9.7公里、南北向长达8.6公里的宏大的长安城的建设,这是中国历史上第一个规划建设的都市。在其中间偏北的位置坐落着以太极宫为中心的宫城,宫城以南设置了供政府机关办公的皇城。基于"天子南面"(臣下北面)的传统观念,太极宫和皇城被建造在城市中央偏北的位置并且朝向南面。太极宫的北门就是玄武门,位于太极宫南边正中出口的是承天门,从此处笔直向下到皇城南边的出口是朱雀门。朱雀大街就是从朱雀门开始,到城南端的明德门结束。众所周知,在中国,包含宫城、皇城在内,市民的生活区域中被城墙围绕的内部区域被称为"城"。即使在没有城墙的今天,到市内去也叫作"到城里去",而市外则被叫作"外地"。

天子的住所太极宫以两仪殿为界分为南侧和北侧,南侧是天子接见群臣的行政场所,被称为"外廷"。北侧是天子及其家属的生活区,即所谓的后宫,与外廷相对,被称为"内

---

① 著者自称其国,指日本。

廷"。太极宫是原封不动地沿用了隋代的大兴宫，直到第二代皇帝太宗李世民为止，都在这里进行政治活动，是与常说的"贞观之治"有关的宫殿。然而，第三代皇帝高宗在长安城外的东北角兴建了"大明宫"，此后大明宫成了唐王朝的政治中心。太极宫仅用于举行朝廷大典，诸如即位、葬礼、婚礼等等。因为大明宫位于太极宫的东边，所以称之为"东内"，与此相对，太极宫被称为"西内"（也称"大内""北内"）。

玄宗还是皇太子的时候，在大明宫以南、与东城门春明门毗邻的隆庆坊修建了藩邸。玄宗即位之后还是很喜欢这里，于是新修了宫殿继续在此处办公。因为他的名字是"隆基"，为避"隆"字讳，隆庆坊改名为"兴庆坊"，新建的宫殿被称为"兴庆宫"。相较于另外二内，这里处于南边，因而被称为"南内"，三者合称为三内。在宫殿的中心有一个巨大的水池，即龙池。池的南岸建有龙堂。东北岸建有"沉香亭"，因其由产自热带的香木——沉香木——所造而得名，亭子的四周有牡丹园。龙池西北岸有大同殿，供奉着玄宗尊崇的老子像。

龙池的西南边是"勤政务本楼"和"花萼相辉楼"（也称花萼楼）。"勤政务本"意为"勤于政事，致力于根本"，这个楼被用作玄宗的政堂，一般称"勤政楼"。"花萼相辉"出自《诗经·棠棣》"棠棣之华，鄂不韡韡"，诗句的意思是"兄弟同心同德而繁荣兴盛，就如同花瓣攒聚在花萼上盛放一样"。玄宗富有友爱的精神，兄弟之间感情深厚。据说因为这座宫殿外侧的安兴、胜业两坊有兄弟们的宅邸，玄宗满怀亲近之心地给这座楼取名"花萼相辉"。

兴庆宫正是玄宗和杨贵妃日常居住及办公的场所，从这里开始，沿着外郭城的东墙，向北到大明宫、向南到游乐之地曲江和芙蓉园，建造了"夹城"，这是皇帝专用的高架道，民众禁止通行其间。

三座宫殿即三内以外的全部地区，包含东市、西市在内，都是市民的住宅区。宫殿和皇城是所谓的内城，由市民住宅区组成的区域被称为外城。外城被南北十三街、东西十街划分成整齐的棋盘格状。这样一个一个被街道包围的四方形的部分，称之为"坊"，即所谓的"街区"，类似于英文中ward的概念。左街和右街分别有五十五个坊，大的坊四方边长长达一公里。街市之间也被称为"坊间"。在日本，要表达"根据世上的传言"时，我们以一种略显老套的方式"根据坊间传闻"来叙述。文献学方面，用来对民营书店的出版物进行分类的"坊本"或"坊刻"①一词，就是从"坊"这一字衍生出来的。

---

①"坊刻"指民间书坊刻印，"坊本"即书坊刻印的书籍，有别于官本、家塾本。

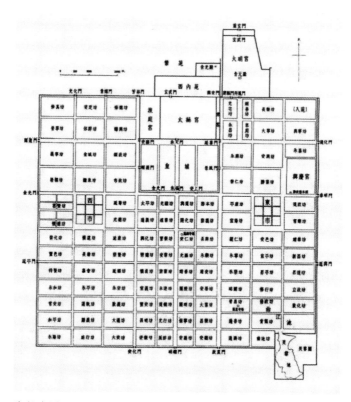

唐长安图

　　坊，包括各式各样的"安定坊""长寿坊""常乐坊""永嘉坊"等，都是择好词来做坊名。"坊"这个名称是从"防壁"的"防"变化而来，坊的四周被土墙包围起来。加之，每个坊都有坊门，根据早晨和傍晚的"街鼓"来开关坊门。

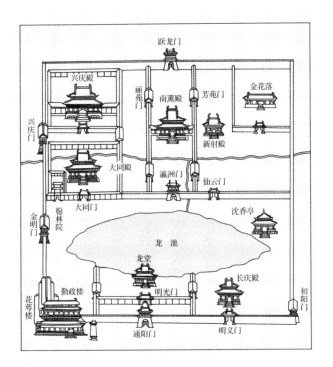

兴庆宫（宋代石刻图）

夜间的通行是被禁止的，即所谓的"夜禁"。这是为了维护每个坊夜间的治安。今天在北京和上海等大城市，住宅小区和公共住宅被围墙森严包围，甚至门口还有门卫，上海有治安亭之类的巡警岗亭。这些都是坊墙制的遗留。

坊内有五千到八千户，受到一种自治组织的管理。顺便一提，街鼓有通知日出的"晓鼓"和宣告日落的"暮鼓"，设置街鼓的建筑就是"鼓楼"。街鼓规制人们生活的同时，也成了日常的景物。

都城东西走向的大街的宽度在70米到150米之间，大街两侧种植了茂盛的槐树和榆树作为行道树。阴历七月，京城大道上槐花泛黄的时候，就是进行科举考试的季节。因此，"考试的时期"被称为"槐黄"或者"槐秋"，"奔赴科考"又被称为"踏槐"。

在东市和西市，同行业的商人聚集在一起组成行会，叫作"行"，是一种同业公会。据说总计有220个行，肉摊叫作肉行，五金店叫作铁行，药店叫作药行，售卖金银工艺品的店铺叫金银行或者银行。除此之外，还有绢行、秤行、麸行、帛行、马行等等。直到近年仍把进出口贸易商叫作"洋行"，也是这一称谓的遗存。每个行都有所谓"行首"或"行头"的领导者。此外还有以物品作为抵押进行贷款的店，被称为"当铺"，这个词语直到今天仍在使用，将物品送进去抵押称为"典"。诗人杜甫的《曲江二首》其二中有"朝回日日典春衣，每日江头尽醉归"之句，是说去当铺典当了春衣用来沽酒。外国商人大多在西市，那里有可供寄存大量金钱的柜坊，只是柜坊存钱不付利息，反而会收取保管费。行里的人们有着只有同事之间才能通晓的独特的隐语，那就是"行话"。市场内则有市署，负责监督市场内的交易和度量衡。另外还有平准署，掌管物价的调节。"凡市，正午击鼓三百声以开，日落前击钲三百声以闭。"

达官显贵在极为繁华的、京城中心贯穿南北的朱雀大街上往来交际。而成为平民百姓游玩之地的则是长安城内一千余处寺院的广场。格外热闹的是位于京城东南晋昌坊的大慈恩寺的院落内。这里一年到头都排列着日用杂货的摊子，上演着歌舞乐曲、魔术、杂技等等。来自遥远的萨拉森①的波斯人在人群围成的圈中表演魔术：刚播下的种子，立刻就发芽、长出枝干，又转瞬之间开花结果。这就是"植瓜术"。围观的群众睁大了眼睛，看得如痴如醉。

管理整个京城的"京兆府"，是集行政和军事两者于一体的机构。其长官称作"京兆尹"，有很大的权力。另有左右"街使"分担巡视街道的工作，类似于日本江户时代的町奉行。在左右两京还有"功德使"，负责管理僧侣和尼姑，相当于寺社奉行。

有河渠署、都水监管理水利，水被平均地分配给王公百官。市民被禁止收藏和携带武器。在城内，有从京城南墙贯通城内的清明渠、永安渠、黄渠，从东墙贯通城内的龙首渠，从西墙贯通城内的漕渠。这些是市民的生活用水。

西北的少数民族和西方各国的商人络绎不绝地抵达长安。他们带着大量的马匹和奇珍异宝来交易，换得丝绸之后回去。这样，中国的丝绸流通到西方诸国，即所谓的"丝绸之路"

---

①萨拉森（Saracen），唐以来的中国史书中称"大食"，源自阿拉伯文的"东方人"，拉丁文作Saracen。萨拉森最常用来笼统地泛称阿拉伯帝国。

（シルクロード，Silk Road）。长安和洛阳的陶瓷工匠制作的"唐三彩"，创造了一种预先将花纹刻印在陶坯上，再在花纹上分别使用三种色彩的色釉的彩绘法。因为唐三彩被运往周边各国，使得在日本诞生了奈良三彩，在新罗诞生了新罗三彩，在渤海国诞生了渤海三彩。

西市常常聚集着成百上千的外国商人，波斯、大食（萨拉森帝国）和中亚诸国的各类人种混杂其间。西市有波斯公馆（波斯邸），也有波斯人开设的满足市民好奇心的波斯商店等。至今仍然时常有波斯的银币和阿拉伯的金币从长安和洛阳的地下被发掘出来。由此可以一窥过去商人们的生活。

随着这些商人们的往来，西域的舞乐也大量地传入长安。以宫廷为中心广泛流行的"胡旋舞""胡腾舞""柘枝舞"等就是其中的代表。这些全都是舞步轻快的舞蹈，但是有这样一种传闻：肥得难以移步的安禄山意外地是跳胡旋舞的高手，他可以轻松地表演出来，令众人惊叹。唐朝设立了官署——"教坊"——作为舞乐的专门机构。内教坊在宫廷，外教坊则在长安和洛阳各有左右两处。教坊是供从事音乐歌舞的人居住和教学的场所。在地方上这些人被叫作"乐户"。《新唐书·百官志》中有如下记载：

　　开元二年，又置内教坊于蓬莱宫侧[①]。京都置左右教坊，掌俳优杂技。

　　唐代崔令钦著有《教坊记》一书，是记载当时歌舞界详细情况的珍贵资料。其中除了教坊制度、乐曲演奏法和乐伎相关轶事外，还收录了324首乐曲名。

　　由于玄宗是一位爱好音乐、通晓音乐的天子，为振兴艺术，他于开元二年（714）设立了"梨园"。《新唐书·礼乐志十二》有如下记载：

　　　　玄宗既知音律，又酷爱法曲，选坐部伎子弟三百教于梨园，声有误者，帝必觉而正之，号"皇帝梨园弟子"。宫女数百，亦为梨园弟子，居宜春北院。梨园法部，更置小部音声三十余人。帝幸骊山，杨贵妃生日，命小部张乐长生殿，因奏新曲，未有名，会南方进荔枝，因名曰《荔枝香》。

　　"法曲"是江南俗曲的名称，"坐部伎"是坐在堂上演奏的乐人，与之相对，站在堂下演奏的乐人被称作"立部伎"。"法部"是相对于"胡部"而言的演奏法曲的部门。这里的"荔枝香"是因恰逢进贡荔枝而诞生的新曲的名字。今天，

---

　　① 《新唐书》原文"又置内教坊于蓬莱宫侧"后尚有"有音声博士、第一曹博士、第二曹博士"句。

在日本，将歌舞伎等戏剧界叫作"梨园"，称俳优、演员等为"梨园出身"，正是源自于此。又据《礼乐志》所言"唐之盛时，凡乐人、音声人、①至数万人"，可以想象当时的盛况。

一年之中有许多节假日。正月十五晚上的"上元节"是最为热闹的，因为这天晚上叫元宵，所以又称"元宵节"。以佛教、道教的寺院为首，大街小巷都布置了各种装饰品，处处都挂上花灯以庆祝节日。玄宗的宫中也有用五彩缯帛制作而成的灯笼，据说广达二十间、高达一百五十丈。

清明节在每年三月，按照规定前三天禁止生火，到第三天夜里才会依惯例从皇宫将火种赐给近臣。在这个节气，人们有扫墓的习俗。

关于五月五日端午节，《开元天宝遗事》有如下记载：

> 宫中每到端午节，造粉团角黍，贮于金盘中。以小角造弓子，纤妙可爱，架箭射盘中粉团，中者得食。盖粉团滑腻而难射也。都中盛于此戏。②

粉团即"糯米团子"，角黍即"粽子"，这个游戏是把糯

---

① 《新唐书》原文"凡乐人、音声人，"后尚有"太常杂户子弟隶太常及鼓吹署，皆番上，总号音声人"句。

② 《开元天宝遗事》卷上《天宝上·射团》，[五代] 王仁裕 撰，曾贻芬点校，中华书局，2006年。

米团子放到金盘上，将箭搭在用小角做成的弓上去射团子，射中的人就可以吃团子。这个宫女们的游戏在京城中也很流行。这一天，人们还要饮菖蒲酒，采割似人形的艾蒿悬挂在门上以禳毒气。在河边可以看到在日本也会举行的竞渡——"龙舟赛"，在野外会进行斗百草的游戏，即用奇花异草争夺胜负。

七月七日是"七夕"，七月十五日是"中元节"。中元节本是道教的节日，在道教信仰盛行的唐代，中元节是重要的一天。飘扬在宫中的鲜红色幡旗深深地映入人们的眼帘。八月十五日是中秋节，有许多以中秋明月为题的诗作。九月九日是两个阳数"九"重叠而得名的"重阳节"，人们饮菊花酒祈求长寿，登上高处祈求健康，即"登高"。现在俳句中秋天的季语里的"登高"（高きに登る）一词，就是源自于此。

球类运动方面，有"击毬"和"蹴球"。"击毬"，用现在的话说就是马球（ポロ，polo）。在华清池的离宫中设有击毬的球场。毬就是蹴鞠（内里充毛的皮球），这是一种在马上使用毬杖击球、追逐的比赛。玄宗是这项运动的高手，年轻时曾与来自吐蕃①的球队对战，并痛击对手，令观者大喜。蹴球是流传到日本的蹴鞠的前身，立两根长长的竹竿，挂上网作为球门，分成左右两支队伍，互相争夺越过对方的球门，用脚把球踢进去。在古代，蹴球是作兵法和武艺之用的。

宫女们的娱乐方式是鞦韆（也写作"秋千"）。据说在古希腊，每当春天来临，在关于生育和丰收的巫术中，有女性荡秋千的习俗。在中国，秋千是寒食日的游戏活动，冬至后第一百零五日是寒食（相当于清明节的前两天），在这一天，将长长的绳子挂在高高的树上，再将那两根绳子系在一个横木的两端，女子坐在横木上晃动。《开元天宝遗事》中有题为"半仙之戏"的一章，现引如下：

> 天宝宫中至寒食节，竞竖鞦韆，令宫嫔辈戏笑以为宴乐，帝呼为半仙之戏，都中士民因而呼之。

---

① 原文作"トゥルファン"，对译应为"吐鲁番"。但在唐代，吐鲁番地区通常被称为高昌，唐太宗贞观年间唐军平定高昌国之后，以其地置西州。此处"吐鲁番"疑应为"吐蕃"。封演《封氏闻见记》卷六《打毬》载："景云中，吐蕃遣使迎金城公主，中宗于梨园亭子赐观打毬……吐蕃皆胜。时玄宗为临淄王，中宗又令与嗣虢王邕、驸马杨慎交、武秀等四人，敌吐蕃十人。玄宗东西驱突，风回电激，所向无前。……中宗甚悦。"（见［唐］封演撰、赵贞信校注《封氏闻见记校注》，中华书局，2005年）。

将秋千叫作"半仙之戏"，是因为坐在秋千上玩耍时能体会到好似长出翅膀、飞升成仙的感觉。虽然民间也很快有了那样的说法，但市民对宫中活动的关注度很高，应该宫中才是流行的根源。

装点长安之春的是身披轻裘（轻暖的皮衣）、骑着肥马、在京城大道上驰骋游乐的少年们的骄傲身姿。崔国辅的《少年行》是这样吟咏的：

> 遗却珊瑚鞭，白马骄不行。
> 章台折杨柳，春日路傍情。

游侠少年们即使遗失了珍贵的珊瑚鞭也毫不在意。白马骄傲不羁，不肯前进。无奈之下，只好折下路边的杨柳枝代替鞭子。那里是章台——即长安的闹市、有娼家的狭斜曲巷，歌女们早就将目光锁定在这个少年身上、暗送秋波了。人懒洋洋的。四周始终弥漫着和煦的春色。

第二章

从玉环到杨太真

系在铁牛上的桥

杨贵妃，小字玉环，生于唐玄宗开元七年（719）。

玄宗那时三十五岁。即位七年、肩负众望、英明的少壮天子正致力于政治革新。这是世称"开元·天宝之治"的上升期。日本方面是奈良时代、第四十四代元正天皇的养老三年，翌年（养老四年）是《日本书纪》成书之年。

贵妃的小字"玉环"，意为玉制的圆环，一种佩戴在腰间的装饰品。在中国，自古以来，玉都被认为是蕴灵而尊贵的，因其美好，人们喜欢将它用在女子的名字中。关于（玉环）名字的由来，相传唐代元虚子的《杨太真说》一书有如下记载：

　　杨太真生而有玉环，在其左臂，环上有坟起"太真"

二小字，故小名玉环。①

"坟起"是指"像小山一样凸起"，这是用牵强附会的小字将玉环的出生神秘化，甚至将其与后来玄宗发现她、让她进入道观（道教的寺院）并自号太真一事联系起来。

诗人们在诗中以"阿环"指代杨贵妃的例子很常见。譬如晚唐李商隐《曼倩辞》中的：

---

①此盖据胡凤丹编辑《马嵬志》（今有严仲仪校点本，题为《马嵬志——唐明皇杨贵妃事迹》，江苏古籍出版社，1990年。著者本书初刊于1997年，写作时或参考过严仲仪校点本）卷八"艺文·说"所录"唐元虚子《杨太真说》"。"《杨太真说》"之题未见他书著录。胡凤丹注出处曰"《龙威秘书》"。今可见天津图书馆藏《龙威秘书》四集第四册陈鸿《长恨歌传》末注："杨太真生而有玉环，在其左臂，环上有坟起'太真'二小字，故小名玉环。……要其术过于李夫人'是耶非耶'远矣。此说又与《长恨歌》异，存之备考。元虚子《志》。"《杨太真说》录至"远矣"。《长恨歌传》末注这段"元虚子《志》"文本，现可见最早出处为明万历曹学佺序、黄正位校《瑯嬛记》卷下"玄虚子《仙志》"。今学界认为"玄虚子《仙志》"是伪撰书名。该段文本经《绿窗女史》《唐人说荟》《龙威秘书》等采录为《长恨歌传》末附注更广为流传。"玄虚子"《说荟》《龙威秘书》等书作"元虚子"，乃清代文献避康熙皇帝"玄烨"名讳。此外《情史》卷九"情幻类"《杨太真》一文亦是取自"玄虚子《仙志》"，唯文字掐头去尾而已。可以说该段文字内容广泛影响了晚明以来人们对杨贵妃的认识，著者取来连缀杨贵妃生平，原因盖在于此。

　　如何汉殿穿针夜，又向窗中觑^①阿环。

便是其中一例。"阿环"一词是将表示亲昵的"阿"加在
"玉环"的"环"字上，在日语中听来就像"阿玉"（お玉さ
ま）。

　　她的父亲是担任蜀州司户一职的杨玄琰。蜀州是现在的
四川省崇庆县，在靠近成都的导江县亦有名为"落妃池"的
遗迹。据说这是贵妃，即玉环，幼时游玩不留神掉入其中的
那个池子。

　　她父亲的官职"司户"，是掌管户口、籍帐、婚嫁、田
宅、杂徭、道路等事务的民政官。然而这位父亲和玉环的生
母在她成年之前就都已经去世了。《旧唐书》用"妃早孤"三
字记述了此事。失去双亲的玉环被叔父杨玄璬收养。据《旧
唐书》记载，玄璬官为"河南府士曹"。"士曹"是郡属中掌
管工役的人。

　　以上是关于贵妃出身的史书记载，除此之外，新、旧
《唐书》中还记载了她的三个姐姐。就是那因贵妃而炙手可热
的韩国、虢国、秦国三夫人。在两书的《杨国忠传》中，有
兄杨铦、从兄杨锜。（在《旧唐书·后妃传》中，二人成了再

----

　　① "觑"，原文作"观（觀）"，今据刘学锴、余恕诚《李商隐
诗歌集解·未编年诗·曼倩辞》（中华书局，2004年）改。

贵妃出浴图（唐 周昉作）

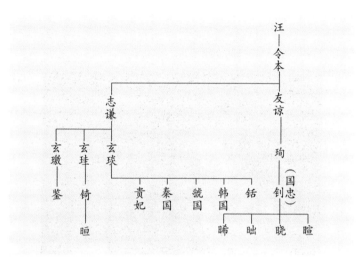

杨氏一族谱系图（藤善真澄　绘制）

从兄）而在《新唐书·后妃传》中二人又都被认为是"宗兄"，意为"同宗之兄"，即同族的远兄弟。

之后杨氏一族中最有出息并成为宰相的是杨钊，也就是后来的杨国忠。他在《旧唐书》中是（玉环的）"从祖兄"，在《新唐书》中成了"宗兄"。

总之，杨氏一族和贵妃的亲属关系有含糊之处。但是，为了方便起见，遵从一般的说法，尝试做图示的话可以得出以上的图表。

关于图表中的杨氏祖宗杨汪，《新唐书》有如下记载：

　　玄宗贵妃杨氏，隋梁郡通守汪四世孙。徙籍蒲州，遂为永乐人。

蒲州在山西省永济市，在这个城市的东南方有一个永乐城。

发掘中的铁牛（著者摄）

　　我早年去过蒲州旅行。唐代王之涣著名的《登鹳雀楼》中的鹳雀楼古址就被认为在蒲州古城遗址上。在那天到访的城址附近，我遇到了意外出土并正在发掘中的所谓"蒲州铁牛"（上图）。这一带古时候临黄河而建，铁牛是架在黄河上的浮桥支柱。而且，这座浮桥上流传着开元天宝年间杨贵妃过桥归省的传说。如果杨贵妃的籍贯（原籍）正如《新唐书》所说的那样在蒲州的话，那么杨贵妃确实可能通过这座桥回到故乡。

　　以下是宋代地理著作《太平寰宇记》中关于这座铁牛桥

的记载:

> 铁牛。开元十二年于河东县开东西门,各造铁牛四,铁人四,其牛下并铁柱连腹,入地丈余,并前后铁柱十六,维桥跨河,至今存。①

《新唐书·地理志》则云:

> 有蒲津关,一名蒲坂。开元十二年铸八牛,牛有一人策之,牛下有山,皆铁也,夹岸以维浮梁。

这是在黄河两岸分别铸造四头铁牛,各由一尊铁人牵着,牛腹下是埋入地下的山形铁柱。再将竹索②系在铁牛上,连结钉入河中的铁柱,将浮桥也就是船拴在铁柱上。为什么是铁牛呢?这一带自古以来就是铁的产地,铁佛之类的也很多,

① 《太平寰宇记》卷四六《河东道七·蒲州·河东县》,见[宋]乐史撰,王文楚等点校《太平寰宇记》,中华书局,2007年。

② 著者原文即作"竹索",但意思不甚明确,看上下文,似是指用竹子编成的绳索。白化文等校注日本僧人圆仁《入唐求法巡礼行记》卷三"开成五年〔八月〕十三日"蒲津关"浮船造桥"条注谓:"《元和郡县图志》卷十二:'今造舟为梁,其制甚盛。每岁征竹索价,谓之桥脚钱,数至二万。'《唐会要》卷十六:'开元九年十二月九日,增修蒲津桥,縆以竹笮,引以铁牛,命兵部尚书张说刻石为颂。'"(《入唐求法巡礼行记校注》,花山文艺出版社,1992年)。

之所以做成牛的形状，是因为人们相信这种动物具有镇压河水的灵力。我们可以想象到被立为贵妃的玉环带着华丽的仪仗队晃晃悠悠渡过桥去的情景。

而且，在《新唐书》的《后妃传》中，除上文所引外，只写着"幼孤，养叔父家"，养父玄璬的官名和姓名都没有记录。虽然进册贵妃之后，有"追赠父玄琰太尉、齐国公"的记载，但也没有提到玄琰是蜀州司户之类的事情。

宋代史官乐史所撰《杨太真外传》也认为杨家与蒲州有关系，其记述如下：

（接上页）其中"征竹索价"，"絙以竹箄，引以铁牛"，或即著者之"竹索"所本。不过按张说《蒲津桥赞》："其旧制，横絙百丈，连舰十艘。辫修筸以维之，系围木以距之，亦云固矣。然每冬冰未合，春泮初解，流澌峥嵘，塞川而下，如础如臼，如堆如阜，或掀或揻，或磨或切，絙断航破，无岁不有。虽残渭南之竹，仆陇坻之松，败辄更之，綮不供费。津吏或罪，县徒告劳，以为常矣。开元十有二载，皇帝闻之曰：嘻，我其虑哉。乃思索其极，敷祐于下；通其变，使人不倦；相其宜，授彼有司。俾铁代竹，取坚易脆，图其始而可久，纾其终而就逸，受无疆惟休，亦无疆惟恤。于是大匠藏事，百工献艺，赋晋国之一鼓，法周官之六齐。飞廉煽炭，祝融理炉，是炼是烹，亦错亦锻，结而为连锁，镕而为伏牛，偶立于两岸，襟束于中潭。锁以持航，牛以縶缆，亦将厌水物，奠浮梁；又疏其身间，画其鹢首；必使奔澌不突，积凌不溢。新法既成，永代作则。"据此蒲津旧有浮梁，用竹编绳索维系，但常被水冲断，吏民修补不迭，因此开元十二载"以铁代竹"制作铁锁缆维系浮梁。换言之，杨贵妃所走的已非"竹索浮梁"，而是"铁缆浮梁"了。

> 杨贵妃小字玉环，弘农华阴人也。后徙居蒲州永乐之独头村。①

弘农郡华阴县隶属河南府。贵妃居住在永乐一事与《新唐书》的记载相同。然而《杨太真外传》也有与《新唐书》不同之处：

> 高祖令本，金州刺史；父玄琰，蜀州司户。贵妃生于蜀。

提及了其父玄琰之名，以下则利用了《旧唐书》的记载。

关于杨贵妃出生的资料中，现在尚存一个被认为是清代伪造的所谓《杨妃碑记》②。有如下内容：

> 玉环出生于广西省杨山冲。父亲杨维，母亲叶氏。在母胎之内停留了十二个月才出生。

碑记原文：

---

① 李剑国辑校《宋代传奇集》第一编卷二《杨太真外传》，中华书局，2001年。

② 《全唐文》卷四〇三《许子真·容州普宁县杨妃碑记》，见〔清〕董诰等编《全唐文》，中华书局，1983年。

> 初诞时，满室馨香。胎衣如莲花，三日目不开。夜梦神以手拭其眼，次日目开，眸如点漆，抱出日下，目不瞬。肌白如玉，相貌绝伦。

这正是"出生奇异谭"。该文更进一步提到：

> 这个女孩被取名为"杨玉娘"，在当地相当有权势的杨康见到这个女孩的美貌后，想要她成为自己的女儿，于是就用积攒的大量钱帛从其父杨维那里买下了她。但后来杨康不得已又将她卖给了杨玄琰，最终她成了玄琰的女儿。

如此一来，玉环既不生于蜀州也不是永乐人，而是来自遥远的南方——广西，最终通过金钱交易被转卖到玄琰的手里。这当然是无稽之谈。

可是，有一个有名的逸闻：在杨贵妃独得玄宗宠爱的时候，玄宗命人通过特快运输将她特别喜欢吃的荔枝从南方运来。《新唐书·后妃传》的记载如下：

> 妃嗜荔支，必欲生致之，乃置骑传送，走数千里，味未变已至京师。

她之所以如此喜好荔枝，是因为她的出生地是蜀国。《杨

太真外传》记载如下:

> 妃子既生于蜀，[1]南海荔枝，胜于蜀者，故每岁驰驿
> 以进。

荔枝，现在日本超市的货架上也有售卖。果皮稍硬且脆，
果肉呈白色半透明状，富含水分，味甜而微酸，最可贵的是
有独特的芳香。中国南部的广东省和福建省最为盛产，广西、
四川、云南各省次之。荔枝在中国南部被称为"果中之王"，
正如《杨太真外传》所说的那样，南海即广东所产的荔枝被
认为品质最佳。荔枝自古以来便是中国人喜爱的水果，还有
名为《荔枝谱》的书籍，宋代诗人、美食家苏东坡也有"日
啖荔枝三百颗"之语。

杨贵妃对故乡难以忘怀，想念从前喜好的食物味道而执
着于荔枝，这是一条有意思的资料。据此，我们或许可以一
窥杨贵妃，也就是玉环，幼年时期的身影。

关于玉环的父亲杨玄琰，全然缺乏资料，《开元天宝遗
事》中以"警恶刀"为题收录了以下故事:

> 贵妃父杨玄琰，少时尝有一刀，每出入于道途间，
> 多佩此刀。或前有恶兽、盗贼，则所佩之刀铿然有声，

---

① 《杨太真外传》"妃子既生于蜀"下尚有"嗜荔枝"三字。

似警于人也。玄琰宝之。

传说杨玄琰的佩刀在他行走时，若前方有危险，便总是发出铿然的响声，以示警告。不知道这到底是杨贵妃将儿时听到的故事讲给了宫里人听，还是后人随意杜撰的。

这本书还收录了以下逸闻：

> 杨贵妃初承恩召，与父母相别，泣涕登车。而天寒，泪结为红冰。

将美人的眼泪形容成"红泪"，少女因悲伤的故事而垂泪的情形被称为"泣红泪"（紅涙を絞る）①，玉环的情况正如字

---

① 《拾遗记》卷七记有魏时美人薛灵芸落"红泪"一事："文帝所爱美人，姓薛名灵芸，常山人也。父名邺，为酂乡亭长，母陈氏，随邺舍于亭傍。居生穷贱，至夜，每聚邻妇夜绩，以麻蒿自照。灵芸年至十五，容貌绝世，邻中少年夜来窃窥，终不得见。咸熙元年，谷习出守常山郡，闻亭长有美女而家甚贫。时文帝选良家子女，以入六宫。习以千金宝赂聘之，既得，乃以献文帝。灵芸闻别父母，歔欷累日，泪下沾衣。至升车就路之时，以玉唾壶承泪，壶则红色。既发常山，及至京师，壶中泪凝如血。"（见［晋］王嘉撰，齐治平校注《拾遗记校注》，中华书局，1981 年）《开元天宝遗事》中"红泪"条情节与之相似。总之，"红泪"即美人泪，日语中的"紅涙を絞る"作为惯用语，虽可意译为"潸然泪下""催人泪下"等，但也强调是少女（或年轻的女性）落泪。

面意思,红色的眼泪流出来,因为寒冷而结成了冰。

还有"红汗"一词,在同书的记载中玉环连汗都是红的:

> 贵妃每至夏月,常衣轻绡,使侍儿交扇鼓风,犹不解其热。每有汗出,红腻而多香。或拭之于巾帕之上,其色如桃红也。

这是她被册立为贵妃之后在宫中的传闻,天生惧热的她在夏天常常身着轻薄的绡衣。即便侍儿在旁用扇子送风,也完全不能凉快。于是从皮肤流出的汗看起来宛如粉色的脂水一样,还有极好闻的香气。用手帕擦拭,据说会微微渗出桃红色。

这样的逸闻接连不断地被创作出来,亦即美人传说的乐趣所在。

女斗的旋涡

玉环作为蜀州地方官的女儿成长起来的时候,在长安城玄宗的皇宫中正上演着激烈的女性斗争。但显然,这是玉环暂且不知的事情。

玄宗有子三十、女二十九,子女共计五十九人。虽说有号称"后宫三千"的宫女侍奉他,不过在有唐一代皇帝中他的子女数量也是最多的了。

皇后王氏,因后来被废黜,而被称为"废后王氏"。她在玄宗还是临淄王的艰难时期被纳为妃。《旧唐书·后妃传》中写道："上将起事，颇预密谋，赞成大业"，内助之功巨大。但不幸的是，她没有生下儿子。其兄王守一为了妹妹，委托一位名叫明悟的僧人祭祀南斗星、北斗星，将雕刻"天地"字样和玄宗名讳"隆基"字样的木头合在一起，并诵祝文。意为与玄宗的交合，由此被赐予子嗣。然而，当时的法律，即《唐律》规定"直求爱媚而厌咒者，皆斩"[1]。厌咒之事不久便为人所知，开元十二年（724）秋七月，王氏被贬为庶人，虽然她幸免于死，但她的兄长守一被赐死了。

被追谥为元献皇后的杨氏，进入东宫之后，于景云二年（711）生下了入主东宫的忠王李玙，也就是后来的肃宗。本来杨氏作为姬妾，地位很低，但无子的王氏把这个孩子接到膝下，视如己出，将慈爱倾注在他身上。杨氏于开元十七年（729）去世。忠王是玄宗的第三个儿子。

在此之前，有一位女性受到了太子时期的玄宗的宠爱。名为赵丽妃。根据"本伎人"[2]的记载可知她出身娼妓，玄宗在潞州对其一见倾心后将其纳入东宫。《后妃传》写道："有

---

① 《唐律》原文为："直求爱媚而厌咒者，流二千里。若涉乘舆者，皆斩。"见刘俊文撰《唐律疏议笺解》卷一八《贼盗·憎恶造厌魅》，中华书局，1996年。

② 此据《旧唐书·李瑛传》，详下。

才貌,善歌舞"①,是太子的宠妃。不久,儿子李瑛出生。李瑛是玄宗的第二个儿子。开元三年(715)被立为皇太子,七年(719)加元服。然而,阻断这对母子前途的乌云出现了。那就是新登场的武惠妃。

武惠妃是高宗的皇后即则天武后从父兄之子恒安王的女儿,幼时随则天武后入宫。自玄宗成为皇帝开始受到宠爱,其恩宠逐年加深。在王氏被废黜之后,特赐号为"惠妃",因她出自武氏,又被称为"武惠妃"。虽然《后妃传》②盛赞她:"少而婉顺,长而贤明,行合礼经,言应图史。"但也有人猜测:她与则天武后一样有阴险之处,泄露厌咒秘密并使王氏被废一事是她的计谋。

她原本有两个愿望:一是成为皇后,二是使儿子寿王成为皇太子。王氏没落,随之她被赐号"惠妃",礼秩一同皇后。她的生母杨氏被册封为郑国夫人,弟武忠为国子祭酒,武信为秘书监。因为与玄宗生了以夏悼王为首的七个孩子,她在宫中的权势很盛。玄宗也知道武惠妃的凤愿,想要准许她晋升为皇后,但官员们阻止了此事。据《唐会要》记载,

---

① 两《唐书》的《后妃传》均无赵丽妃传,《旧唐书·李瑛传》有"瑛母赵丽妃,本伎人,有才貌,善歌舞,玄宗在潞州得幸"的记载。另外,《新唐书·后妃传·贞顺武皇后》中提到赵丽妃:"初,帝在潞,赵丽妃以倡幸,有容止,善歌舞。"著者所引应该是据《旧唐书》,而将《李瑛传》误为《后妃传》。

② 见《旧唐书·后妃传》。

这是出于对武惠妃出身的武氏一族过去之专横的高度警惕。虽说册立皇后一事被搁置了，但因中宫空悬，武惠妃在宫中的权势无人可敌。

据记载她有七个孩子，分别是夏悼王、怀哀王、上仙公主、寿王瑁、盛王琦、咸宜公主、太华公主。其中前三个都夭折了。于是寿王出生时，为慎重起见，不敢将其留在宫中抚养，而养了了玄宗的兄长宁王膝下。因在玄宗的儿子中排行十八而被称为"十八郎"的这个皇子，出生后十余年都住在宁王的府邸，像宁王的孩子一样长大成人，因此在诸王中也是封王最晚的。但是，随着玄宗对武惠妃的宠爱日益加深，玄宗对寿王的疼爱也与对其他皇子有所不同。因而武惠妃央求玄宗册立寿王为皇太子。

对于武惠妃来说，碍事的人是已经心满意足当上皇太子的李瑛。当然李瑛的生母——赵丽妃的存在也十分可憎。但幸运的是，玄宗的心已经从赵丽妃身上离开并且毫无复宠的迹象。标靶就被锁定在了李瑛身上。

在这样的情况下，皇太子李瑛预感到自己的地位岌岌可危，因而变得烦忧。同时，也对生母赵丽妃因武惠妃而被迫与玄宗疏远一事心存怨恨。年轻的李瑛和鄂王、光王会面，将他的不满倾吐一空。这两位皇子的生母们也都因为武惠妃而恩宠渐薄。《旧唐书》关于这三人有"母氏失职，尝有怨望"的记述。

皇太子的一举一动当然都已被武惠妃布下的情报网捕捉。

武惠妃瞄准时机向玄宗告状。《旧唐书》列传中记载武惠妃告诉玄宗："以太子结党，将害于妾母子，亦指斥于至尊。"①"妾母子"指的是武惠妃和寿王，"至尊"指的是玄宗。玄宗决意要废黜太子和处罚两位皇子，并授命于宰相张九龄。但这位以刚毅著称的宰相坚决地提出了反对意见。《新唐书·李瑛传》所收录的张九龄的奏文称"今太子无过，二王贤"，立场鲜明地为三人作辩护。据《旧唐书》列传记载，玄宗也无法反驳这样的正论，"默然，事且寝"，皇太子废立之事暂时作罢。

为何张九龄如此坚持己见？实际上，皇太子废立问题不仅仅是李瑛·赵丽妃与寿王·武惠妃的对抗，也牵涉唐王室宫廷官僚的权力斗争问题。科举出身的官僚们以张九龄为中心结集成了拥护李瑛一派。而另一边，门阀官僚中的一群人以实权者李林甫为首，以拥立寿王派自居。听到废立问题中止的消息，善于谋划的李林甫当即采取了让张九龄下台的手段。被问罪的张九龄不久就匆忙地被流放到了荆州。

"太子谋反"的传闻立即复燃。这一次如武惠妃所愿，李瑛及二位皇子被贬为庶人。不仅如此，他们还被残忍地杀害了。

那么皇太子是否非寿王莫属呢？并非如此。因为不巧最重要的武惠妃在这之前去世了。这是发生在开元二十五年

---

① 见《旧唐书·李瑛传》。

（737）①十二月的事情，其终年仅四十余岁。在这之前，武惠妃被自己用阴谋逼死的三个皇子的亡灵所困扰，最终病倒了。那成为了她的死因。《旧唐书·李瑛传》的最后对此事有如下记载：

　　（三人）并废为庶人，②俄赐死于城东驿。天下之人不见其过，咸惜之。其年，武惠妃数见三庶人为祟，怖而成疾，巫者祈请弥月，不瘳而殒。

　　武惠妃一死，三庶人的亡灵再也没有在宫中出现过。玄宗对武惠妃的爱始终未减，在她死后缅怀之情也愈发深重，但对其子寿王的感情却发生了相当大的变化。

　　在李瑛亡故后的朝廷中，立储问题迫在眉睫。但事情很快就顺利解决了。成为皇太子的不是寿王而是忠王李玙。拥立的策划者既不是张九龄，也不是李林甫，而是宫中第三的

　　① 关于武惠妃去世时间，《旧唐书·后妃传·玄宗贞顺皇后武氏》记载："惠妃以开元二十五年十二月薨，年四十余。"《旧唐书·寿王瑁》亦记："二十五年，惠妃薨，葬以后礼。" 著者当本此。而下文引同书《后妃传·玄宗杨贵妃》则曰："二十四年惠妃薨。"考两《唐书》李瑛本传及《肃宗本纪》，均记李瑛被废及赐死事在开元二十五年。武惠妃被"三庶人"亡灵所扰，其死当在李瑛被废后。

　　② 《旧唐书》原文"并废为庶人"后有"锈配流"三字，指太子妃兄、驸马萧锈。

当权者高力士。高力士之所以向玄宗推荐忠王，是因为李玙
是年长的皇子。

关于李玙的出生还有如下传说。

他的母亲杨氏怀孕时，玄宗还是太子。当时在宫中，太
平公主权势显赫，玄宗也不得不顾虑太平公主的心思。他担
忧因生子多，而使得公主的攻击更加强烈。思来想去，命臣
下张说拿来堕胎药。玄宗亲自煎药，想让一旁的杨氏喝下。
然而，他一边煎药，一边不知不觉迷迷糊糊地睡着了，梦中
出现了一个神，掀翻了装药的鼎。玄宗醒来，汤药确实被打
翻了，于是开始重新煎煮。那位神再一次出现在梦中并掀翻
了鼎。这样的事接连发生了三次，玄宗召来张说，向他诉说
那个梦。张说答道"天命也，无宜他虑"。不久，公主起事被
杀，杨氏平安地生下李玙。

女道士杨太真

开元二十三年（735）十二月，玄宗诏杨玄璬养女玉环为
第十八皇子寿王的女官。实际上是寿王妃。作为使者，被派
遣到杨玄璬身边的是副宰相兼户部尚书李林甫和黄门侍郎陈
希烈。此时皇太子废立问题还没有解决，寿王的生母武惠妃
独得玄宗宠爱，因此寿王是取代当时的皇太子李瑛的有力候
补人。

对于不过是一个地方官之女的玉环来说，这是她从未设
想过的都城生活，是稍有变数就可能成为国母的"高嫁"（玉

の輿①）故事。这件事情的原委如何，没有确切的资料可考。恐怕完全是因为玉环那无与伦比的"美貌的名声"而招致的吧。相传那时的玉环"黑发如云，肤白如雪，举止有汉武帝李夫人风度"。这一年，玉环十七岁。

寿王时年二十三，也自信前途光明。然而，在此后第二年，即开元二十五年（737）的十二月，生母武惠妃死亡。明年，738年六月忠王李玙被立为新的皇太子。到嘴的鸭子飞了，寿王之后只剩下空虚的人生。寿王虽然被认为是懦弱无能的，但性格中有不为名利所困的、淡泊的一面，或许和美貌的玉环度过平静安宁、没有波澜的人生也不失为一种选择。

然而这里又有了意料之外的展开。开元二十八年（740）十月，玉环被召入西安郊外的离宫——骊山的温泉宫，并受到了天子玄宗的宠幸。之前被忠王李玙夺去太子之位、感觉"功亏一篑"的皇子，这次又被父王抢走了爱妃。我不知道说什么好，总之寿王在这个时期的确连遭厄运。

这就是所谓的皇帝权力吧，但到底还是在伦理上有所顾忌，因此《新唐书》本纪"开元二十八年"条只记了一行：

十月甲子，幸温泉宫。以寿王妃杨氏为道士，号太真。

---

① 玉の輿（たまのこし），指显贵乘坐的锦轿、肩舆，常用"玉の輿に乗る"（直译：乘玉之舆）代指女子通过婚姻获得高贵的地位。

《旧唐书》此年十月条只写着:

> 十月甲子，幸温泉宫。

没有传达出什么信息。杨贵妃的名字是在那之后第五年"天宝四载"条中以"秋八月甲辰，册太真杨氏为贵妃①"的形式首次出现的。不过，同书《后妃传》的记事，似乎是对这一记载的补充，较为详细地说明了其中的情况:

> 二十四年惠妃薨，帝悼惜久之，后庭数千，无可意者。或奏玄琰女姿色冠代，宜蒙召见。时妃衣道士服，号曰太真。既进见，玄宗大悦。

然而，这里不仅完全没有提及玉环是寿王妃一事，反而只说她来到京城成了女道士。

《杨太真外传》有如下记载:

> 二十八年十月，玄宗幸温泉宫。使高力士取杨氏女于寿邸，度为女道士，号太真，住内太真宫。

在这里，将玉环从寿王府邸带来温泉宫的角色——高力

---

① 《旧唐书》原文作:"册太真妃杨氏为贵妃"。

士——登场了。唐代陈鸿的《长恨歌传》对此事进行了如下
改编：

> 元献皇后、武淑妃皆有宠，相次即世。宫中虽良家
> 子千数，无可悦目者。上心忽忽不乐。时每岁十月，驾
> 幸华清宫。（中略）①诏高力士潜搜外宫，得弘农杨玄琰
> 女于寿邸，既笄矣。鬟发腻理，纤秾中度，举止闲冶，
> 如汉武帝李夫人。②

元献皇后是忠王的生母杨氏，武淑妃即武惠妃。据《旧
唐书·艺文志》③等记载，玄宗很早就派遣"花鸟使"在全国
各地寻找可以纳入后宫的美人，但武惠妃死后，他的心中感
觉格外空虚。宫里的美女中没有使他偏爱和悦目的人，花鸟
使的来信也都不合心意。那时，亲信高力士从寿王的府邸将
玉环带上来（给玄宗）过目。玉环头发乌黑亮丽，肌肤细腻
光滑，身材纤秾适宜，举止文雅。因此，玄宗对她一见钟情。
但是立马将儿子的王妃变成自己的宠妃，未免太过荒唐，也
会引起世人议论，所以暂且先让她成为女道士，断绝与世俗

---

① 中略："内外命妇，熠耀景从，浴日余波，赐以汤沐，春风灵
液，澹荡其间。上心油然，若有所遇，顾左右前后，粉色如土。"

② 李剑国辑校《唐五代传奇集》第二编卷一一《长恨歌传》，中
华书局，2015年。

③ 当是《新唐书》之误。

的关系，住在朝廷的道教宫殿太真宫并让她改名为太真。对寿王方面进行了充分的考虑，安排巧妙计划的是高力士吧。

白居易（乐天）的《长恨歌》对此作了怎样的描写呢？那首长篇七言古诗的开头是这样写的：

> 汉皇重色思倾国，御宇多年求不得。
> 杨家有女初长成，养在深闺人未识。
> 天生丽质难自弃，一朝选在君王侧。
> 回眸一笑百媚生，六宫粉黛无颜色。

"汉皇"即汉武帝，但这里暗指玄宗。"倾国"即"美女"，指汉武帝的爱妃李夫人，以此喻指杨贵妃。有的文本中也把"回眸"作"回头"。最后的"六宫"是皇后以下的六宫，即所谓的后宫。是说美女如云的后宫中没有一个人的美貌可以与杨贵妃相匹敌。白乐天也是在唐朝入仕的人，果然对杨贵妃和寿王的瓜葛只字不提。故事设定为杨家有美女，这位养在深闺的少女忽然得以侍奉玄宗。简直成了梦幻般的爱情罗曼史。

这时杨贵妃二十二岁，玄宗五十六岁，年龄相差三十四岁。被夺走了王妃的寿王怎么样了呢？二人之间好像没有孩子，但也算得上家庭破裂。《资治通鉴》卷二一五"天宝四载（745）"条有下面一段话：

　　秋，七月，壬午，册韦昭训女为寿王妃。

　　八月，壬寅，册杨太真为贵妃。

　　也就是说，玉环在玄宗身边侍奉的五年间，一直躲在"女道士杨太真"的"隐身衣"里，至此才名正言顺地登上贵妃的宝座。但在这之前的一个月，朝廷安排了韦昭训的女儿给寿王做王妃，以此来填补玉环消失的空缺。寿王的内心作何感想我们不得而知。之后，寿王在肃宗的下一任皇帝代宗的大历十年（775）去世。本传①记载了他只有三个封王的儿子。早在二十多岁时就沦为背景人物的寿王，度过了漫长的、遭受冷遇的一生，直至终老。

　　公公称作翁，儿媳称作媳。在汉语中将男子与儿媳通婚称作"翁媳成婚"。这原本被认为是悖逆之事。但在唐王朝，已经有了玄宗的祖父，也就是第三代的高宗，迎娶虽然不是儿媳但却曾是父亲太宗的妃子之先例。尽管这个女人在太宗崩逝后曾削发入寺为尼，但被高宗看中迎入宫中，后来成为了皇后。此人正是不久之后取代高宗君临天下的则天武后。

　　建立唐朝的高祖李渊自称出身陇西李氏，但一般认为其血统属于北方的鲜卑族。从而唐朝的王室很可能浸染了鲜卑

---

　　① 著者此据《新唐书》寿王本传，《旧唐书》本传记载仅有二子封王。

族的习惯和风俗。因此无论是高宗的例子,还是玄宗的例子,都没有后世所认为的那样会产生那么强烈的心理抵触。

但宋代的范祖禹在其著作《唐鉴》中非难玄宗,其言如下:

> 明皇杀三子,又纳子妇于宫中,(中略)①父子、夫妇、君臣,人之所以立也,三纲绝矣,其何以为天下乎?②

明皇即玄宗,三子即皇太子废立中被杀掉的三庶人,三纲指的是君臣、父子、夫妇之道,与仁、义、礼、智、信五常合称为"三纲五常",这是儒教道德的根本。范祖禹全然站在传统伦理的立场,对玄宗提出了严厉批评:如此行事,玄宗还有作为皇帝治理天下的资格吗?但这是依据后世的标准而言的,玄宗时代,朝野上下的男女关系相对散漫,氛围也较为开放。据《新唐书·公主传》记载,唐代公主再婚者有二十三人(所谓"又嫁"),出嫁三次者也有四人。高门妇女的再婚并不是一件羞耻的事情,可以看出当时女性的地位很高,思想也比较自由。

---

① 中略:"用李林甫为相,使族灭无罪。"

② [宋]范祖禹 撰《唐鉴》,中华书局,2008年。

第三章

杨贵妃的荣华

三千宠爱在一身

让杨贵妃名声更盛的是白居易的《长恨歌》，其中给人们留下格外深刻印象的是与玄宗邂逅的一节。诗句如下：

> 春寒赐浴华清池，温泉水滑洗凝脂。
> 侍儿扶起娇无力，始是新承恩泽时。

如此闭月羞花之貌，在被玄宗召见之前尚未与寿王同床共枕之"贵妃处女说"的产生说不准也是迫不得已的。这个场景成为自古以来"贵妃赐浴"的绘画题材，许多画家的真迹尚存。第二句的"凝脂"意为"像凝结的油脂那般光滑雪白的肌肤"。在《诗经·卫风·硕人》一诗中也有"手如柔荑，肤如凝脂"的诗句。所谓"柔荑"即茅针，也就是茅草的新芽，比喻柔软而色白的东西。《世说新语·容止》中还有

宫中行乐(《长恨歌绘入抄》)

"面如凝脂，眼如点漆"的记载。这是王羲之对美少年杜弘治的赞美，所谓目如"点漆"，是指又黑又亮的眼睛。

华清池即华清宫，也就是温泉宫。在水气氤氲的温泉宫度过初夜让故事愈发绮丽。华清宫位于距今西安市东北三十公里、临潼区南部的骊山山麓，也临近秦始皇陵，对于游客来说，"兵马俑博物馆—始皇帝陵—华清池"已经成为游览西安的必经路线。

骊山是夹在渭水与灞水之间的断块山，海拔 1302 米。"骊"是黑色毛皮的马，正因远远望去山的形状宛如苍黛色的骏马而得名。温泉从浴池两侧的四个泉眼涌出，出水量至今仍达每小时 112 吨，水温 43 摄氏度，是名副其实的温泉。泉水中含有多种化学物质。我想，在华清宫观光的行人可能会因为温泉前的池子被称为华清池而产生混乱，池原本就是

华清宫（著者摄）

"浴池"，《长恨歌》中的"赐浴华清池"即指浴池。

温泉最初由北周宇文护开发。接着隋文帝在此修屋建宇。之后唐太宗诏令阎立本营建宫殿。阎立本作为画家，因现藏故宫博物院的《职贡图》等作品而知名。作为工艺家和建筑家，他在宫殿和桥梁建设方面也留下许多作品。这座由阎立本营造而成的建筑物被命名为"温泉宫"。此后，这座宫殿作为历代皇帝的离宫和疗养地而被频繁地使用。最重要的原因是它与长安的皇城之间距离适当。

唐玄宗天宝六载（747），扩大了温泉宫规模，并将其更名为"华清宫"。汤井，也就是浴泉，被称为"华清池"。据《新唐书·地理志》记载：

> 环山列宫室，又筑罗城，置百司及十宅。

罗城是环绕宫殿的外城。还备齐了常驻的官吏系统，华清宫作为离宫的作用被更大程度地发挥出来。皇帝为避寒而驾幸华清宫。据说玄宗和杨贵妃每年八、九月间前往此处，直到第二年春天才返回长安。华清宫里有一座名叫端正楼的建筑，是贵妃用以梳妆之地。温汤监则是管理温泉的官署，其下设有管理器具的监丞。除了专供玄宗和杨贵妃使用的温泉外，还有所谓的"长汤十六所"，可供随侍的宫女们使用。

唐代王建的题为"华清宫"的七言绝句如此描绘这座离宫的豪华：

　　酒幔高楼一百家，宫前杨柳寺前花。

　　内园分得温汤水，二月中旬已进瓜。

　　"酒幔"是招揽酒宴的帘幕，布置着酒幔的高楼比比皆是。"一百家"极言数量之多。宫殿前面种着柳树，官署里也有花坛。这里的"寺"不是寺院，而是名为"太常寺""光禄寺"之类的离宫内官署。由于离宫的菜园引温泉水加速培育，二月中旬竟然已经有瓜果可供享用。其大意如此。

　　杨贵妃蒙玄宗召见时，作为女道士被授予了太真之名，而侍候玄宗左右时被称为"娘子"，相当于"夫人"的意思。天宝四载（745）八月被赐封贵妃称号后她的地位才得以确定。贵妃在宫中生活的地方，就是所谓的"后宫"。这里是天子日常起居的内宅，因处于听政的外朝后面而得名。也可称为后庭，与外朝相对又可称为内宫。这里严格区别于外朝，是一律禁止男性出入的女子邸宅，事务、劳务都由被阉割后的男子即宦官负责。后宫制度如下页的图表所示。

　　表中合计122人。以皇后为首，侍奉她的女官有各自的组织，又有侍奉那些女官的女官，因此后宫可以说是美女如云。玄宗时代，除长安外，在洛阳也设有副都，据说这两处后妃之下的女官总数达四万。笼统而言的"后宫三千"绝不是夸大的数目。开销也非常庞大，据明朝万历年间（1573-1620）的数据，仅后宫使用的脂粉钱每年就高达40万两（相当于20

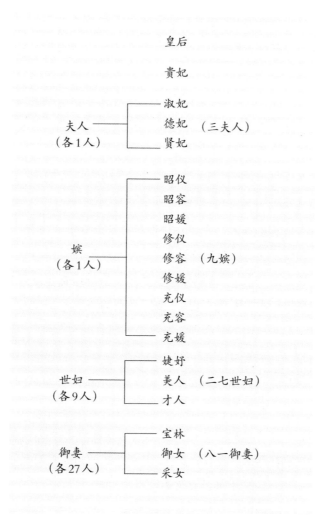

唐代后宫制度

亿日元）。

决定这些美女中谁能成为当晚独占天子之人是相当难办的，似乎有时也用"掷骰子"的办法。根据清代的规定，被选中的女子赤裸着身体被装进由宦官搬运的被子中，再被送到天子身边。这是为了防止有人加害天子。

关于玄宗专宠杨贵妃的情况，《长恨歌》是如此描写的：

> 春宵苦短日高起，从此君王不早朝。
> 承欢侍宴无闲暇，春从春游夜专夜。
> 后宫佳丽三千人，三千宠爱在一身。

玄宗沉溺在与杨贵妃的爱欲之中，日夜与共，最后竟然彻底不再早朝了，诗是对他的责难。由于夜夜召唤，杨贵妃独占了玄宗，皇帝对后宫三千佳丽的宠爱都汇集在她一个人身上。

唐代陈鸿的《长恨歌传》有如下叙述：

> 明年，册为贵妃，半后服用。由是冶其容，敏其词，婉娈万态，以中上意，上益嬖焉。（中略）①骊山雪夜，上阳春朝，与上行同辇，止同室，宴专席，寝专房。虽有三夫人、九嫔、二十七世妇、八十一御妻，暨后宫才

---

① 中略："时省风九州，泥金五岳。"

> 人、乐府妓女，使天子无顾盼意。自是六宫无复进幸者。
> 非徒殊艳尤态致是，盖才智明慧，善巧便佞，先意希旨，
> 有不可形容者。

被册封为贵妃后用度同于皇后之半，从此，她用艳丽的姿容和巧妙的言语来一心讨好天子，日益得宠。（中略）无论是前往骊山的雪夜，还是在上阳宫的春日清晨，天子与贵妃出行时同乘一车，停宿时共处一室。宴饮只与她同席，就寝只与她共枕。自三夫人以下，至八十一御妻，及后宫才人（女官）、掌管音乐的乐府妓女，在贵妃面前都无力使天子顾盼。并且之后再也没有被举荐进入六宫的女子。这不仅是因为贵妃娇艳美丽，还因为其才智出众，巧言善辩，先得圣心，让天子感到心满意足。

以上是引文大意。文中的"六宫"即后宫，因为后宫由六座宫殿组成。

《长恨歌传》强调杨贵妃之所以能够独得玄宗宠爱，不单单是因为美丽，更重要的是，她是一位机敏过人、才智非凡、思维敏捷的美人。这一点在《新唐书·后妃传》中也有如下记载：

> （贵妃）善歌舞，邃晓音律，且智算警颖，迎意辄悟。帝大悦，遂专房宴。

擅长歌舞，精通音律，聪颖心细，作为女性来说，确实是最讨人喜欢的。即使将传闻中的理想化痕迹打个折扣，也能够断定她的智商是相当高的。

杨氏六家的荣华

一旦亲属中有谁出人头地，整个家族或同门就蒙荫恩典而得以晋升，这是中国社会常有之事。甚至此前从未听闻的亲戚接二连三冒出来的情况也是司空见惯的。玉环一进册贵妃，其亡父杨玄琰就被追赠太尉、齐国公，母亲被封凉国夫人。叔父杨玄珪被提拔为光禄大夫①，兄长杨铦为鸿胪卿，从弟②杨锜为侍御史。不过，有些不可思议的是，对于养父杨玄璬没有任何封赏。而且，玄宗与武惠妃所生的太华公主还下嫁成为侍御史的杨锜。《新唐书·公主传》有"太华公主，贞顺皇后所生。下嫁杨锜。薨天宝时"的记载。三个姐姐也被赐予韩国夫人、虢国夫人、秦国夫人封号，从而被给予国君夫人的礼遇，可自由出入宫掖。这三个姐姐倚仗与杨贵妃的关系而威势雄盛。玄宗的女儿，即公主们也不得不客气以对。

---

① 两《唐书》中《杨贵妃传》只言玄珪为光禄卿，《杨太真外传》："叔玄珪为光禄卿，银青光禄大夫"，著者此盖据《外传》。

② 关于杨铦、杨锜与杨贵妃的关系，此处与本书第二章所言不同，著者此盖据《杨太真外传》。而古籍所载亦多有差异。详细考辨可参岑仲勉《唐史馀沈》卷二"杨贵妃诸兄条"（中华书局，2004年）。

玄宗称三姐妹为姨(妻子的姊妹),以示荣宠,据说每年赐诸姨一百万钱为"脂粉之资"。

贵妃兄长杨铦不久就从鸿胪卿升任上柱国。他在宅邸门前陈列持戟的武士作为门卫。杨铦之外,还有从弟杨锜、再从兄杨钊(后来的国忠)和三夫人,并杨氏六家共筑大宅,规模仿照宫禁。甚至一旦发现别人的府邸比杨家宏壮,就蛮横地将其拆毁并移筑到杨家。①各家的土木工事都没有休止,宅邸一年比一年豪华。玄宗也常常将各地所献贡品分赐杨家,因而朝廷的使者往来不绝。

由于天子厚爱,官吏们也纷纷追随杨氏,汲汲于迎合圣意。官吏的劣根性是超越国别和时代而亘古不变的。岭南节度使张九章和广陵长史王翼最为露骨地献媚,将封地的珍品献纳出来逢迎讨好。收到的回报是,张氏被进阶银青光禄大夫、王氏被任命为户部侍郎。

一般称"杨氏五家"或"五宅",是因为对"六家"之中后来成为宰相的杨国忠予以特殊对待。无论如何,杨氏一门形成了强大的派系,在朝廷内外成为堪称外戚权力的一大势

---

① 此据日文直译。按《旧唐书》卷五一《后妃·玄宗杨贵妃》:"姊妹昆仲五家,甲第洞开,僭拟宫掖,车马仆御,照耀京邑,递相夸尚。每构一堂,费逾千万计,见制度宏壮于己者,即彻而复造,土木之工,不舍昼夜。"著者可能将杨氏"彻而复造"自家宅邸误以为是毁坏他人的宅邸再移建到自家。日文原文所用"移筑"一词有"拆毁某建筑,用其材料在其他地方建造"的意味。

力，威震天下。他们的发言具有天子诏敕般的权威，甚至连
诸王和公主的婚嫁也必需韩国夫人和虢国夫人的私下许诺。
当然，得到其私下许诺的前提是赠送"数百千金"。这些无论
新、旧《唐书》都有相同的记载，未必是夸大事实。《新唐
书·后妃传》中有一节写道："四方献饷结纳，门若市然"，
这就是所谓的"权势"，朝廷内外的人们虽然感到羡慕和愤
怒，却无可奈何。

三夫人并非独身，而是各有丈夫。《资治通鉴》"天宝七
载冬十一月（748）"条有如下记载：

> 以贵妃姊适崔氏者为韩国夫人，适裴氏者为虢国夫
> 人，适柳氏者为秦国夫人。三人皆有才色，上呼之为姨，
> 出入宫掖，并承恩泽，势倾天下。

这般不分男女地晋升，还不分男女地随心所欲使用权势，
是这个国家自古以来的特有现象。虽说"三人皆有才色"，但
其中以虢国夫人容貌最为出众，她本人也很有自信。据说她
进宫朝见时甚至不施粉黛，以近乎素颜的状态坦然自若。同
时代的诗人杜甫（一说张祜）留下了一首题为"虢国夫人"
的七言绝句：

> 虢国夫人承主恩，平明上马入宫门。
> 却嫌脂粉涴颜色，淡扫蛾眉朝至尊。

"平明"是清晨，"蛾眉"形容女子的眉，"至尊"指"天子"。而且，她在蜀地时与杨国忠发生了男女关系。来到京城后，两人又在长安的宣义里并排建造了宅邸，特别亲密地不分昼夜幽会，纵情玩乐。相传有时二人入朝，不仅在市内并辔走马，一路上还呈现出谐谑嬉戏的丑态，令观者哑然。不仅这二人，杨氏六家在华清宫的周围还都有豪华的别院。在《旧唐书》的《杨国忠传》中，围绕两人的关系和六家在华清宫旁的宅邸，有如下记载：

> 贵妃姊虢国夫人，国忠与之私（私通①），于宣义里构连甲第，土木被绨绣（宅邸豪华），栋宇之盛，两都（长安、洛阳）莫比，昼会夜集，无复礼度。有时与虢国并辔入朝，挥鞭走马，以为谐谑，衢路观之，无不骇叹。
>
> 玄宗每年冬十月幸华清宫，常经冬还宫。国忠山第（别邸）在宫东门之南，与虢国相对，韩国、秦国甍栋相接，天子幸其第，必过五家，赏赐宴乐。每扈从骊山，五家合队。

二人的关系天下皆知，华清宫附近的别宅虽说是整个家族聚集，但二人为了往来便利还是比邻而建。玄宗来到华清宫后，与贵妃一起陆续行幸五家别宅，大开宴会，日日寻欢作乐。在玄宗从长安出发前往华清宫的日子，每家都别出心裁地组织队伍随扈左右。沿途的人们仿佛像看时装展一般来到大街上围观。那是一个与他们潦倒的日常有着天壤之别的、光鲜亮丽的奢华世界。

《开元天宝遗事》中一篇题为"楼车载乐"的文章写道：杨国忠一族的子弟仗着贵妃的威势，极尽奢侈，春游的时候在大车上系上各色布帛作为楼车（观光车），那车上载着数十歌姬，从私宅到华清宫，喧闹着一边展示歌舞，一边游行。同时，题为"肉阵"的一章有如下记事：

> 杨国忠于冬月常选婢妾肥大者，行列于前，令遮风，盖藉人之气相暖，故谓之"肉阵"。

让肥胖的女人们走在队伍前面代替防风林，所以称其为"肉阵"。

根据《资治通鉴》的记述，天宝十载（751）的正月十五夜，发生了以下事件。只说是杨家五宅，所以不能确定到底是谁。这天晚上，杨家一行出门夜游，在长安西市门附近，与广平公主的马车擦肩而过，广平公主是玄宗与妃嫔董芳仪所生的女儿。队伍与队伍在行进过程中发生了冲突，杨家奴仆蛮横地想鞭打公主的随从，可鞭子没有打到随从却打到了公主的衣服，受惊的公主坠下马，引起了骚乱。守着公主马匹的家臣程昌裔帮忙扶起公主的同时，愤怒地反打了杨家奴仆。①那日之后，公主为当众受辱而悲痛不已，向玄宗哭诉。玄宗下旨处死杨家奴仆，同时程昌裔也被打五十大板地免去官职。然而杨家却未受到任何处罚。即便过错在杨家一边，但连公主也只能忍气吞声的这一事件，不知道在人们心中引发了怎样的感想。

关于杨氏一门的荣华，《长恨歌》是如此咏叹的：

姊妹弟兄皆列土，可怜光彩生门户。
遂令天下父母心，不重生男重生女。

所谓"皆列土"，是指被分封领土而成为诸侯，不仅是男子一系，三夫人在被赐予封号的同时也被赐予了封地。"可怜"并非"令人怜悯"的意思，而是表达"啊，多么令人羡慕"的赞叹词。就因为贵妃一个女子，整个家族都出人头地了。为了能够过上穷奢极侈的生活，天下的父母都想效仿，更期望生女孩而不是男孩。《长恨歌传》记载了如下两首当时

① 此据日文直译。按《资治通鉴》卷二一六《唐纪三十二》"天宝十载（751）"条作："杨氏五宅夜游，与广平公主从者争西市门。杨氏奴挥鞭及公主衣，公主坠马，驸马程昌裔下扶之，亦被数鞭。公主泣诉于上，上为之杖杀杨氏奴。明日，免昌裔官，不听朝谒。"则程昌裔乃驸马而非普通家臣，且未反打杨家奴仆，而是与公主一起被杨家奴仆鞭打。

流行于民间的俗谣：

> 生女勿悲酸，生男勿喜欢。
> 男不封侯女作妃，看女却为门上楣。

"门上楣"本是门上的横梁、门第的意思，引申为女子通过高嫁（玉の輿に乗る）使家族繁盛。因此，还创造了"门楣喜"这一成语作为女孩出生时的贺词。

宫中行乐

玄宗为避寒而行幸温泉宫（华清宫）是在迎娶杨贵妃之前就有的惯例，但在册立贵妃的天宝四载（745）以后的记录更加频繁。从《新唐书·玄宗本纪》中摘录的记事如下：

> 四载 十月幸温泉宫。十二月至自温泉宫。
> 五载 十月幸温泉宫。十一月至自温泉宫。
> 六载 十月幸华清宫。十二月至自华清宫。
> 七载 十月幸华清宫。十二月至自华清宫。
> 八载 十月幸华清宫。
> 九载 正月至自华清宫。十月幸华清宫。十二月至自华清宫。
> 十载 十月幸华清宫。
> 十一载 正月至自华清宫。十月幸华清宫。十二月

至自华清宫。

十二载　十月幸华清宫。

十三载　正月至自华清宫。十月幸华清宫。十二月
至自华清宫。

十四载　十月幸华清宫。十一月，至自华清宫。

十四载同往年一样去了华清宫。然而十一月，"安禄山
反"，因此，当月就"至自华清宫"。①从这一年起，《玄宗本
纪》中"幸华清宫"的字样就再也没有了。玄宗与杨贵妃浓
情蜜意的岁月不过十余年。二人到底过着怎样的生活呢？

据《杨太真外传》的记载，玄宗册立杨太真为贵妃之日，
命奏《霓裳羽衣曲》以迎。关于这首曲子的由来，有两个传
说。一种说法源自玄宗瞭望河南省的仙山——女儿山时所作
的诗。另一种说法是，在天宝初年的八月十五夜，玄宗与一
位道士同游月宫，看到仙女们表演此曲，于是将其记录下来。

霓就是虹，"霓裳"即"虹裳"，比喻仙人的衣裳。羽衣
是用鸟羽制成的"天女的羽衣"。总之是一首对仙界、仙女充
满憧憬的曲子。曲调是从西凉传来的古印度即婆罗门的调子。
同样在《杨太真外传》中，玄宗为邂逅杨贵妃"如得至宝"

---

　　① 《新唐书》原文为："十月庚寅，幸华清宫。十一月，安禄山
反，陷河北诸郡。范阳将何千年杀河东节度使杨光翙。壬申，伊西
节度使封常清为范阳、平卢节度使，以讨安禄山。丙子，至自华清
宫。"

　　而高兴，特别制作了一首名为《得宝子》的乐曲，无论是将杨贵妃看做至宝还是仙女，都可见玄宗对她的珍重。

　　后来有一次，玄宗与诸王在木兰殿宴饮，正值木兰花盛开，这一日的玄宗有些精神不振。但须臾醉酒的杨贵妃徐徐起身，舞了一曲《霓裳羽衣》后，玄宗立刻心情大好。

　　唐代李濬的《松窗杂录》记载了如下传闻：

　　开元年间，宫中沉香亭前牡丹盛放，玄宗说："惟作新曲词可配此名花与贵妃。"①于是遣使到李白处。李白虽已喝醉，还是奉旨作了《清平调》三首交给使者，玄宗命乐人据此谱曲，又令当代第一的歌手李龟年演唱。歌曲华丽且余韵悠长，玄宗和贵妃都很满意。那时贵妃持玻璃七宝杯酌西凉蒲桃酒，玄宗亲自奏玉笛和此曲。

　　三首诗如下：

　　　　云想衣裳花想容，春风拂槛露华浓。
　　　　若非群玉山头见，会向瑶台月下逢。

（大意）看到云就不由想到此君（贵妃）的衣裳，看到牡丹就不由想到此君的容颜。春风拂过栏杆周围，晶莹的露珠湿润地立在牡丹花上。如此美丽的人，如果不是群玉山上才能见

---

①此据日文直译。原文作："赏名花，对妃子，焉用旧乐词为！"见〔唐〕李濬撰，罗宁点校《松窗杂录》，中华书局，2019年。

李白

到的,那一定只能在瑶台月下相逢吧(群玉山是西王母所居住的山,瑶台是美人有娀氏所在的仙界)!

> 一枝红艳露凝香,云雨巫山枉断肠。
> 借问汉宫谁得似,可怜飞燕倚新妆。

(大意)贵妃宛如一枝浓艳的、带着凝香的露珠的花。与被这位美人侍奉的君主的愉悦相比,过去眺望巫山云雨、与神女坠入情网而感到肝肠寸断的楚襄王是何等枉然啊。汉代宫殿里的美人中,谁有近似这位的美貌呢?可以说宠姬赵飞燕也只能凭借新妆自夸美丽罢了。

　　名花倾国两相欢，常得君王带笑看。

　　解释春风无限恨，沉香亭北倚阑干。

（大意）名花牡丹与绝世美人都迎合了君主的圣心，如今名花美人正当时，君王含笑饱看着。这美丽的花与美丽的人消除了春风带来的无限春愁，现在正倚在沉香亭北边的栏杆上。（倾国是用了汉武帝时被称为"倾国美女"的李夫人的典故）。

　　在第二首中，李白以赵飞燕比杨贵妃。之后玄宗的亲信高力士告诉贵妃这是"不敬"，因为汉成帝被认为是为了这个宠妃才身亡的。贵妃听后果然对李白心生怨恨，据说这就是李白被驱逐出宫的原因。这个故事还有一个添油加醋的版本。相传那个被派到醉酒的李白处的使者便是高力士，在那时被迫为李白脱靴一事令他怀恨在心。

　　传闻的真伪姑且不论，真不愧是天才李白，即兴状态下也能做出如此美辞丽句的盛宴，真是令人赞叹不已。同时，也生动反映了玄宗与杨贵妃宫廷生活的显赫与荣华。虽然前面已经提到贵妃醉酒之后舞《霓裳羽衣曲》之事，但正如有"贵妃醉酒"那样的绘画题材，关于贵妃醉酒还有如下故事：

　　贵妃每宿酒初消，多苦肺热。尝凌晨独游后苑，傍花树，以手攀枝，口吸花露，藉其露液润于肺也。

　　因宿醉而感到痛苦的贵妃，清晨到庭院里，从树枝上吸取花露来滋润肺部和消解不适。这是《开元天宝遗事》中以"吸花露"为题的传说。

　　还有一个题为"醒酒花"的故事：

　　　　明皇与贵妃幸华清宫，因宿酒初醒，凭妃子肩同看木芍药，上亲折一枝与妃子，递嗅其艳。帝曰："不惟萱草忘忧，此花香艳尤能醒酒。"

　　明皇即玄宗，木芍药即牡丹，萱草即"忘忧草"。在华清宫的宫苑中，从宿醉中醒来的玄宗一边搂着贵妃的肩膀，一边轻嗅牡丹的花香，喃喃低语："都说忘忧草能让人忘忧，这花最能让人忘醉啊"。虽然是"随便他说吧"那样的拉杂聊天，但他们好似十几岁少男少女的恋爱那般"卿卿我我"。

　　还有如下"蛛丝卜巧"的故事：

　　　　帝与贵妃每至七月七日夜，在华清宫游宴。时宫女辈陈瓜花酒馔列于庭中，求恩于牵牛、织女星也。又各捉蜘蛛于小盒中，至晓开视蛛网稀密，以为得巧之候。密者言巧多，稀者言巧少。民间亦效之。

　　七月七日七夕之夜，玄宗携杨贵妃来到华清宫设宴，供奉瓜花和美酒佳肴过七夕节。这天晚上宫女们还将蜘蛛放进小盒中，拂晓时看结网的疏密情况，来占卜盒子主人手艺活的水平，结果自然各有喜忧。书中还记载这个占卜从宫中流行到民间。十足象征着"天下无事"的平静生活。

这样的两人在感情上也有过两次失和。这不是小说之类的杜撰，而是被记录在正史《旧唐书·后妃传》中而流传下来的。

第一个事件发生在天宝五载（746）的七月。这一天，贵妃因为一点小事，对玄宗说了带有嫉妒的话，惹怒了玄宗。玄宗命高力士将她送回其兄杨铦的府邸。这是早晨发生的事，不知道什么缘故，直到这一天正午时，玄宗仍然愁眉苦脸，茶饭不思。心情不畅的他，一反往常地鞭打惩罚侍奉左右的人。对玄宗心事了如指掌的高力士，故意把杨贵妃在宫中使用的诸器具，装了许多车，从宫中运到她的身边。于是，玄宗竟然也将自己的饭食分出部分让人一并送去。高力士由此看清玄宗已经完全后悔自己的处置了，一入夜就立刻为贵妃求情。玄宗本就一直在等待台阶下，便当即同意，这件事总算顺利解决了。《资治通鉴》的结尾写道："自是恩遇愈隆。"所谓"雨降而地固"（雨降って地固まる）[1]就是如此吧，很好地体现出玄宗性情中心软和孩子气的一面。

---

　　[1]雨降って地固まる（あめふってじかたまる），日本谚语，本意是：虽然人们不喜下雨，但雨后土地会变得更加坚固。比喻纷争之后关系变得更加稳定、亲密。

第二次事件发生在天宝九载（750）。关于起因，新、旧《唐书》均无记载，只写着贵妃因忤逆玄宗旨意"放出外第"。但在《长恨歌传》[1]中有如下说明：

这年二月，贵妃擅自拿出玄宗兄弟宁王珍藏的紫玉笛吹奏。诗人张祜曾据此作诗："梨花静院无人见，闲把宁王玉笛吹。"玄宗得知杨贵妃对宁王无礼而勃然大怒。杨国忠害怕事态恶化，马上托人赔礼道歉，不久，宫中派遣了带着"饶恕"口谕的使者前来。贵妃说："妾罪当万死"，并剪下一束头发呈献玄宗。这个事件就此告一段落，《新唐书》载结果是"帝见骇愕，遽召入，礼遇如初"，在《长恨歌传》中也有"上大惊愕，遽使力士就召以归，自后益嬖焉"的记载。"骇愕"、"惊愕"都是"惊讶悲伤"的意思，"嬖"意为"宠爱"。

第一件事完全是"痴話喧嘩"[2]，第二件事也是夫妇之间的小摩擦，都很快以"可喜可贺"的结果告终，反而显示出两人感情的深厚。

有一次，玄宗得到一枚合欢（合欢树）果[3]，"合欢"意为"汇合、共享欢乐"，夫妇一同盖的被子叫做"合欢被"，甚至使夫妇结合的药也被称为"合欢秘"。玄宗一边用手把玩这个果实，一边对贵妃说："朕与卿固同一体，所以合欢。"

---

[1] 此处与下一段的《长恨歌传》均为《杨太真外传》之误。

[2] "痴話喧嘩"（ちわげんか）指恋人之间因争风吃醋而吵架。

[3] 此果为柑橘，并非合欢树结的果实。

然后两人并排坐下同食此果，还让画师将这个过程画下来想要传于后世。这也的确是让人忍不住想说"适可而止吧"的热恋记事，但是玄宗与杨贵妃长达十余年的宫廷生活，都是这般优雅平静，浓情蜜意，堪称夫妇和睦的典范。

虽说杨氏一门都极尽奢侈，有些人还专横跋扈，但杨贵妃本人完全不过问政治，也没有做大兴土木以致劳民之类的事情。从南方用快马送来荔枝的奢侈令人侧目，但除此之外也没有其他过分奢侈的迹象。她既没有像历代后妃惯常那样排挤其他后妃，更没有做过谋杀之类残忍的事情。虽然（贵妃）与玄宗的"爱欲"常常为人所道，但也不是则天武后喜好巨根男子，并将他们召进宫宠幸那样的丑事。后来人们编造了她与安禄山发生过男女关系的故事，但终究只是后世的杜撰。总之，玄宗与杨贵妃之间可以说是"纯爱"。

当时，宫廷诗人李白曾为玄宗作《宫中行乐词》十首，以歌盛世，现有八首流传下来，其中之一如下：

（《宫中行乐词》其三）
卢橘为秦树，蒲桃出汉宫。
烟花宜落日，丝管醉春风。
笛奏龙吟水，箫吟凤下空。
君王多乐事，还与万方同。

"卢橘"是蜜柑、金桔。"秦"是长安一带。"蒲桃"就是葡萄。"汉宫"即汉代的宫殿,这里用来指玄宗的御殿。"万方"
指的是万国、天下。

首先,卢橘本是异邦的果实,现在成了这个国家的东西,
在京城长安就能够品尝到。葡萄虽然也是西域传来的水果,
但在这宫殿的庭院也能见到了。这是颂扬国家势力的扩大。
接着,描绘了在云霞笼罩的日暮时分,人们沉醉在随着春风
而流动的各种音乐声中的场景。最后,以天子与天下万民同
乐作结,庆祝君主统治的昌盛。这个时候,玄宗得意至极,
"长安之春"正盛。

第四章

天下大乱

安禄山叛乱

把"长安之春""大唐盛世"一举反了个底朝天的，是安禄山和史思明挑起的天下大乱。这次动乱被称为"安禄山之乱"或"安史之乱"。

安禄山的出生年份并不明确（有说是 705 年出生），他死于至德二载（757）。他是营州人，营州就是现在中国东北部辽宁省的朝阳县。

有人说他的父亲是粟特人，母亲是突厥族的巫女，也有人说他与景教有关系。景教是唐朝时从大秦国传来的，所以也叫大秦景教，是基督教的一个分支聂斯脱里派（Nestorian-ism），传教者是波斯人。

安这个姓是安禄山母亲再婚对象的姓，他的本名是轧荦山，这有可能是亚历山德罗斯（Alexandros）的音译，也有可能是粟特语"光"（roxsan）的音译。粟特是居住在伊朗东部的原住民部落名称。在唐朝姚汝能《安禄山事迹》中，对安禄山的出生有如下记述：

> 安禄山，营州杂种胡也，小名轧荦山。母阿史德氏，为突厥巫，无子，祷轧荦山，神应而生焉。是夜赤光傍照，群兽四鸣，望气者见妖星芒炽落其穹庐。①怪兆奇异不可悉数，其母以为神，遂命名轧荦山焉。

这正是英雄传说的风格。《新唐书·逆臣传》记载安禄山"及生，有光照穹庐，野兽尽鸣"之后，又这样写道：望气者占卜其为妖祥，范阳节度使张仁愿派人搜查庐帐，想把他找出来杀掉，因家人藏匿才保住性命。"穹庐"是胡人居住的半圆顶房屋，即所谓的"包"。

《新唐书》描述他的性格是"悷忍多智，善亿测人情"，也就是虽然残忍顽固而刚强，但头脑很聪明，善于揣测别人的心情。他出生之后很早就开始学习语言，《新唐书》认为他"通六蕃语"，《安禄山事迹》则记载他"能解九蕃语"。当时杂居在中国东北的六种乃至九种异民族的语言，他大概都能自由地掌握吧。因此，他发挥自己的能力，从事"互市牙郎"

---

① 今可见《安禄山事迹》（［唐］姚汝能撰，曾贻芬点校《安禄山事迹》，2006 年）卷下此句后尚有自注："时张韩公使人搜其庐，不获，长幼并杀之。禄山为人藏匿，得免。"著者此处无引及。

（贸易经纪人）和翻译等工作。

此后他的人生轨迹不详，但不知从何时起受到了范阳节度使张守珪的赏识，逐渐崭露头角，最终成为范阳节度副使。据说安禄山最初因偷羊被张守珪逮捕，即将被处死时，他对张守珪说"如果你想消灭两蕃（奚和契丹），就不要杀我"，才得以免刑，这番吓唬人的话也记录在册。[1]史料还说"守珪奇其言貌，乃释之"[2]。

幽州位于今北京北部一带，安禄山在此活动频繁，不仅熟悉山川地理，而且通晓各地语言，还积攒了人脉。成为张守珪的部下后，他利用这些情报在讨伐作战中立下战功，不久便成为不可或缺的重要部将，最终被张守珪收为养子并提拔为副使。他生来本是个肥胖的人，但据说为了讨张守珪的喜欢便努力节食减肥。

工于智计的安禄山不可能一直甘心在张守珪身边当副使。当御史中丞张利贞作为京城派来的河北巡访使到达时，他为了巴结此人，就送了很多钱财宝物与之结交。于是张利贞回到长安后，便在宫中大肆吹嘘禄山的为人和能力。计策奏效，朝廷不久便任命安禄山为平卢节度使兼柳城太守。随后他继

----

[1] 《安禄山事迹》卷上载："大夫不欲灭奚、契丹两蕃耶？而杀壮士！"《新唐书》卷二二五上《逆臣上·安禄山》载："公不欲灭两蕃邪？何杀我？"

[2] 此据《安禄山事迹》卷上回译。《新唐书·安禄山传》也有类似记载，作："守珪壮其语，又见伟而皙，释之。"

续展开攻势，马不停蹄地向宫中各方输送财宝，由此他在宫中的声望也就水涨船高。当然，他对当时的宰相李林甫也丝毫没有怠慢。李林甫为了抑制宫中与自己对立的儒臣们的扩张，打算起用蕃将安禄山作为对抗者。

从《旧唐书·玄宗本纪》中可以看到，开元二十九年（741）七月："幽州节度副使安禄山为营州刺史，充平卢军节度副使"，到了天宝元年（742）二月："平卢节度使安禄山进阶骠骑大将军"，接着天宝七载（748）六月："范阳节度使安禄山赐实封及铁券"，天宝十载（751）二月："安禄山兼云中太守、河东节度使"，天宝十三载（754）正月："加安禄山尚书左仆射，赐实封千户，奴婢十房，庄、宅各一区；又加闲厩、五坊、宫苑、陇右群牧都使"——他手中不断地掌握着越来越强大的权力的事实已经显而易见了。

安禄山频频进宫是从开元末年开始的。他当然不会忘记给玄宗进贡。原本就喜欢武人的玄宗对这个男人青睐有加，他一旦进宫，必定设宴款待。天宝二年（743）春觐见时，他说过这样的话，以下是《资治通鉴》的记载：

（天宝）二年春，安禄山入朝；上宠待甚厚，谒见无时。禄山奏言："去年营州虫食苗，臣焚香祝天云：'臣若操心不正，事君不忠，愿使虫食臣心；若不负神祇，愿使虫散。'即有群鸟从北来，食虫立尽。[①]

他一点儿也不害羞，而是堂堂正正地推销自己，这份干脆利落，也许反而俘获了玄宗的心。

肥胖臃肿的安禄山，肚子一直垂到膝盖以下，自称"腹重三百斤"。《资治通鉴》"天宝六载（747）"条中，收录关于他的肚子的如下一段对话：

> 禄山在上前，应对敏给，杂以诙谐。上尝戏指其腹曰："此胡腹中何所有，其大乃尔！"对曰："更无余物，正有赤心耳！"上悦。

据说他是公认的善于逢迎的人，当被问到"那个圆鼓鼓的大肚子里装的是什么"时，他一本正经地回答道"只是装满了真心"，这段记述很精彩。对于成为贵妃的杨贵妃，他也是立刻上前讨好。当时三十出头的他向玄宗请求，希望成为没有孩子的杨贵妃的养子，这一请求得到了准许。于是此后入宫，他都先向贵妃叩拜，再向玄宗行礼。玄宗为此感到奇怪而发问。

[①] 《资治通鉴》卷二一五《唐纪三十一》"玄宗天宝二年（743）"原文"二年春"后有"正月"，"食虫立尽"后有"请宣付史官。从之"句。

　　　　臣是蕃人，蕃人先母而后父。（《旧唐书》①）

安禄山如此回答，说他只是遵循胡人的风俗习惯罢了。

　　但是，并不是宫中所有的人都喜欢他的表演。《资治通鉴》"天宝六载"条记载：

　　　　外若痴直，内实狡黠。常令其将刘骆谷留京师诇朝廷指趣，动静皆报之。

　　他在外表上装作愚蠢单纯，其实内心诡诈奸猾，他曾派遣部将常驻京城，让人报告宫中的动静、收集情报。当时他身兼平卢、范阳、河东三节度使，也就是说现在的辽宁省、河北省、山西省一带都在他的控制之下。他平时居住在幽州（范阳，现在的北京周边），在这附近修筑了坚固的城堡，取名为"雄武城"，武器、粮食等也大量蓄积在此。不过是因为节度使负责边防，可以借此名目。另一方面，他也保护商人，致力于经济政策，将由此获得的金钱用于宫廷外交和充实军备。

　　然而，随着经济和军事力量的增强，"安禄山谋反"的传闻不知从哪里流传起来，世人对此议论纷纷。最早认为安禄山有图谋天下的野心而反对他入朝的是宰相张九龄。继任宰相李林甫一开始也重用他，但渐渐对他的忠心产生了怀疑，

---

　　① 出自《旧唐书》卷二百上《安禄山传》。

甚至向他投去了极为警戒的目光。李林甫垮台后上任的杨国忠也对安禄山巧妙地拉拢玄宗和杨贵妃感到不祥和不快。他多次以"禄山将反"①上奏玄宗。但是玄宗并没有立即采纳他的话。皇太子李玙也属反对安禄山一派，曾对玄宗进言"安禄山凶逆之状已露"②。

胡人出身、官至节度使，因攻打吐蕃（西藏）而扬名天下的哥舒翰，是玄宗极为信任的将领，但他原本就与安禄山不合，很早就同杨国忠等人形成了反安禄山派。

安禄山与玄宗和杨贵妃的关系越发亲密，宫中反安禄山的包围网越发收紧。安禄山想就任宰相之位，便向玄宗请求。玄宗答应了，诏书的草稿也拟好了，但因为杨国忠的反对而没能实现。杨国忠说道："他既不识文字，在接待国外使者时恐怕有失体面。"③宰相落空一事的原委详细地传到了安禄山

---

① 《旧唐书·安禄山传》："杨国忠屡奏禄山必反。"《新唐书·安禄山传》："皇太子及宰相屡言禄山反，帝不信。"《资治通鉴》卷二一六《唐纪三十二》"玄宗天宝十二载（753）"："国忠屡言禄山有反状，上不听。"

② 《安禄山事迹》卷中"（天宝）十三载正月四日，禄山入觐于行在，乃见于禁中，赐锦彩缯宝巨万"下注："时肃宗睹其凶逆之状已露，言于玄宗，玄宗不纳。"

③ 《安禄山事迹》卷中："（天宝十三载）三月一日，禄山将拜官也，玄宗以宰相处之，命太常卿、翰林学士张垍草诏。既而杨国忠谏曰：'禄山不识文字，命之为相，恐四夷轻中国。'乃止。"

耳中，为禄山草诏的张垍也因此引咎左迁。这些秘辛的始末都通过禄山情报网生动清晰地传了过来。此事也被认为是安禄山谋反的原因之一。

的确，在军事实力和经济实力方面，安禄山逐渐成为足以与皇帝匹敌的存在。但是，不知道他是不是从一开始就萌生了推翻唐王朝的意图。或许他的谋反也与受到杨国忠的压制、逼迫、挑衅等因素有关吧?

天宝十四载（755）十一月，回到范阳根据地的安禄山，下定决心在此举起反旗，名目是"奉密诏讨伐杨国忠"。据《资治通鉴》记载，安禄山怀抱异志长达十年之久，他感念玄宗的恩宠，本想在玄宗晏驾后举兵，但被杨国忠逼得走投无路，才在这一年下定决心。

《资治通鉴》同年条又有如下记载:

> 禄山由是决意遽反，独与孔目官·太仆丞严庄、掌书记·屯田员外郎高尚、将军阿史那承庆密谋，自余将佐皆莫之知，但怪其自八月以来，屡饷士卒，秣马厉兵而已。会有奏事官自京师还，禄山诈为敕书，悉召诸将示之曰:"有密旨，令禄山将兵入朝讨杨国忠，诸君宜即从军。"众愕然相顾，莫敢异言。

这让人想起明智光秀越过"老之坂"后才告诉部下"敌

人在本能寺（敵は本能寺にあり）"的故事①，据说安禄山已经
周密地制定了从根据地到洛阳、长安的全部作战计划。

李林甫与杨国忠

玄宗统治下的开元年间，是姚崇、宋璟、韩休等贤臣居
于庙堂辅佐政治；而到了开元二十二年（734），当张九龄担
任中书令、黄门侍郎时，李林甫也就职礼部尚书，一跃成为
朝廷的重要人物。这两个人互相对立。众所周知，张九龄是
位诗人，在学问、文词上都有很高造诣。相反，李林甫则不
学无术，两人性情差异很大。当时玄宗想重用朔方节度使牛
仙客，被张九龄阻止。借此机会，李林甫与牛仙客合谋，向
玄宗进谗，将张九龄赶出了朝廷。那是开元二十五年（737）
的事。后来，当周子谅触怒玄宗时，张九龄也被追究曾经举
荐此人的责任，进一步被贬为荆州大都督府长史。翌年，他
请求回乡拜扫先人之墓，不久便染病去世。此后，李林甫成
为名符其实的掌权者，权势大振。这一时期从734年前后开
始，持续了大约20年的时间。他巧言善辩，长于诡计，在向

---

① 即日本战国史上著名的"本能寺之变"，发生于日本天正十年
六月二日（1582.6.21）。当时即将统一日本的战国大名织田信长于京
都本能寺遭到家臣明智光秀的背叛而身死，日本历史由此被改写。
原本明智光秀奉命去支援在高松城与毛利氏对抗的丰臣秀吉部队，
但在过了老之坂、横渡桂川时，他向全军大喊"敌人在本能寺"，于
是调转马头进军京都。

皇帝上奏任何事情的时候，都事先贿赂皇帝左右，所以他的意见没有不通过的。那时玄宗已逐渐厌倦了政治，由于经常沉迷于与杨贵妃为首的宫人们玩乐，所以政治运行也大体由李林甫负责。

李林甫很有能力，勤勉于政务，不落于人后，但他为人冷酷无情、表里不一，最重要的是他对权力的欲望很强。一旦掌握了权力，他就暴露出本性，变得横行霸道起来。被寄予厚望、逐渐接近权力中枢的能吏裴宽，也被李林甫驱逐出宫了。其经过在《旧唐书·李林甫传》中有如下记载：

> 初，林甫尝梦一白皙多须长丈夫逼己，接之不能去。既寤，言曰："此形状类裴宽，宽谋代我故也。"[1]故因李适之党斥逐之。

因为长得像梦中出现的恐怖男子，就把一位高官从官位上革职流放了，这是一个极荒谬的故事，很难令人相信，但这又是正史所载，因此也不能一概否定。《新唐书·裴宽传》中是这样描述裴宽的：

> 其为政务清简，所莅人爱之，世皆冀其得宰相。

---

[1]《旧唐书》卷一百六《李林甫传》原文此句下尚有"时宽为户部尚书、兼御史大夫"。

可见他是在人望上威胁到了李林甫。

　　关于李林甫的人品，《开元天宝遗事》中有一篇题为《索斗鸡》的故事。

　　　　李林甫为性狼狡，不得士心，每有所行之事，多不
　　协群议，而面无和气，国人谓林甫精神刚戾，常如索斗
　　鸡。

"狼狡"即狼辣狡猾，独断专行、落落寡合则被称作"面无和气"。他经常被评价为斗争性强，就像斗鸡一样。

　　　　口有蜜，腹有剑。①

这句话的意思是说，言语甜的像蜜糖，腹中却藏着可怕的利剑。现在也用来比喻表面亲切，内心阴险。这句话出自下面关于李林甫的故事。《开元天宝遗事》中有一篇名为《肉腰刀》的记载：

---

　　① 《资治通鉴》卷二一五《唐纪三十一》"玄宗天宝元年
（742）"载："李林甫为相，凡才望功业出己右及为上所厚、势位将
逼己者，必百计去之；尤忌文学之士，或阳与之善，啖以甘言而阴
陷之。世谓李林甫'口有蜜，腹有剑'。"胡三省注"口有蜜，腹有
剑"言："谓其言甘也""谓其心在害人也"。

> 李林甫妒贤嫉能，不协群议，每奏御之际，多所陷
> 人。众谓林甫为"肉腰刀"。又云林甫尝以甘言诱人之
> 过，谮于上前。时人皆（中略）①相谓曰："李公虽面有
> 笑容，而肚中铸剑也。"人日憎怨，异口同音。

由于忌妒贤者和能吏，每次上奏玄宗时李林甫都会进谗
言陷害他人，所以被称为"肉腰刀"（移动的刀）。另外，他
还会用甜言蜜语诱导别人开口，然后把听到的事情告诉天子，
让人遭到贬谪。所以他即便脸上笑着，肚子里却藏着一把可
怕的剑，因此被人憎恨。

但由于他善于逢迎天子，便深得玄宗信赖。《新唐书·奸
臣传》关于李林甫的记载如下：

> 林甫善刺上意，时帝春秋高，听断稍怠，厌绳检。
> （中略）②及得林甫，任之不疑。林甫善养君欲，自是帝
> 深居燕适，沉蛊衽席，主德衰矣。

"刺"指"揣测"，也就是仔细地理解和领悟。林甫很善于揣
摩玄宗的心思。当时，玄宗已60多岁了，昔日意气风发的天
子锋芒已不复存在。"厌绳检"是指"讨厌麻烦的事情"。因
此，有关政治方面的事情就全权委托给了宰相。林甫善于培

---

① 中略："言林甫甘言如蜜。朝中"。

② 中略："重接对大臣"。

养君主的私欲，天子于是沉溺于游宴之中。"沉盅衽席"指的是沉湎于女色，也就是迷恋与杨贵妃的爱欲生活。

《新唐书》进一步这样写道：

> 林甫居相位凡十九年，固宠市权，蔽欺天子耳目，谏官皆持禄养资，无敢正言者。

李林甫像"闇将軍"①一样拥有绝对的权势，居高临下，负有进谏职责的朝廷谏官们也都只顾着明哲保身，没有一个人对此提出批评。官僚们成群结队地来到他的私宅接受指令，宫中的府衙因之而空，左相陈希烈虽然在台省办公，却无人问津。

这样一来，李林甫也开始沉迷于声色了。《新唐书·奸臣传》记载：

> 车马衣服侈靡，尤好声伎。侍姬盈房，男女五十人。②

---

① 日语"闇将軍"（やみしょうぐん），指真正的幕后掌权者。

② 《旧唐书·李林甫传》载："林甫晚年溺于声妓，姬侍盈房。……有子二十五人、女二十五人。"言李林甫姬侍多而子女亦多，"子""女"合起来"五十人"。《新唐书》载作"男女五十人"，似是删改《旧唐书》导致歧义。

"侈靡"指奢华。"声伎"就是"歌姬"。既然房内侍奉的男女有五十人，自然也有很多宠童了。

尽管他炙手可热，但暗中憎恨他的也大有人在。传记中这样写道：

> 林甫自见结怨者众，忧刺客窃发，其出入，广驺骑，先驱百步，传呼何卫，金吾为清道，公卿辟易趋走。

因为害怕刺客，李林甫在卫队中配备了大批骑马武士，护卫们严加警戒，为他清道开路。传记又说：

> 所居重关复壁，络版甃石，一夕再徙，家人亦莫知也。

李林甫不仅在家里围了两道门，砌了两层墙，为了避免危险，即使是一夜之间他都要随时更换房间，因此就连家人都不知道他什么时候睡在哪里。

从他的经历来看，李林甫历任黄门侍郎、礼部尚书等职后，到开元二十二年（734）才登上宰相之位。他讨厌科举出身者，排挤张九龄和财政家裴耀卿，于开元二十四年（736）任中书令。在此期间，他亲近武惠妃，致力于让寿王成为皇太子而四处奔走。为了集中权力，后来被他放逐的，除了前面提到的裴宽，还有李适之、韦坚、皇甫维明等人。为了抑制反对势力，他采取任用异民族出身者的政策，允许安禄山崛起也是他的举措。这样的他在天宝十一载（752）病逝于长安平康坊的宅邸中。

与晚年的李林甫针锋相对的是杨国忠。这一年，杨国忠接替李林甫成为宰相，他立刻告发了李林甫，借口是他勾结突厥大将阿布思谋反。

这当然是毫无根据的。李林甫被定罪，死后被削去官爵成为庶民，其子李岫等人也被流放到岭南。据说杨国忠的长相与李林甫以前在梦中遇到的裴宽十分相似，那个梦使李林甫感到恐惧从而以之为理由除去裴宽①。

杨国忠靠着杨贵妃的关系得以立身，并以此于天宝七年（748）任给事中兼御史中丞。此后，他掌握了天下的财政实权，逐渐成为威胁李林甫的势力。国忠之名也是玄宗所赐。李林甫和杨国忠在暗地里激烈争斗，互相为陷害他人而筹谋。但由于两人都深得玄宗的信任，尚未落到两败俱伤的地步。李林甫死后，杨国忠驱逐了他这一派的官员，实现了自己的夙愿，但他还有一个天敌，那就是安禄山。安禄山刚进宫时，

---

①两《唐书》之《李林甫传》皆言李林甫因梦衔裴宽，后借李适之党故将其斥逐。而据《新唐书》卷一三〇《裴宽传》："林甫任罗希奭杀李适之也，亦使过安陆，将怖杀宽，宽叩头祈哀，希奭乃去。宽惧终见杀，丐为浮屠，不许。稍迁东海太守，徙冯翊，入为礼部尚书。卒，年七十五，赠太子太傅。"《旧唐书·裴宽传》略同。可见裴宽最终并非为李林甫所杀。

曾与李林甫结交，素来以"深沉慎密"①著称的李林甫很快就察觉到安禄山此人危险，没有放松对他的警惕。即便是刚毅的安禄山，在李林甫面前讲话时，声音也会颤抖，和他见面退下来以后据说已是汗湿全身。看来李林甫是个很有威压的人啊。

和李林甫相比，杨国忠虽然才智不相上下，但在为人上却相去甚远，安禄山便也不太重视他。随着安禄山得到玄宗宠信，节度使的力量也迅速增长，杨国忠对安禄山的排斥也变得真切起来。两人在性格上也格格不入。

为了将安禄山从宫中排挤出去，杨国忠屡次上奏玄宗说"安禄山有觊觎天下的野心"，以迫使玄宗下定决心将他驱逐，但玄宗对此谏言感到不快。身在范阳的安禄山得知杨国忠的意图，对京城里的各种不利于自己的阴谋深感忧虑。为此，他拉拢御史中丞吉温，让他担任自己在长安的代理人。吉温还为安禄山把杨国忠在朝廷的动静一一传递给范阳。

杨国忠也反过来派自己的手下揭露禄山的不轨之举，他命令京兆尹包围了安禄山在京中的宅邸，在御史台缢杀了与安禄山串通一气的侍御史郑昂，逮捕了为安禄山探听消息的吉温，将他流放到广东高要。此后，杨国忠不断找借口召请安禄山来长安宫中参见。安禄山认为这是个陷阱，便以生病

---

① 著者原文为"沈密な用心"，按《旧唐书·李林甫传》载："林甫性沉密，城府深阻，未尝以爱憎见于容色。"

为理由写信拒绝，与之对抗。在杨国忠的策动下，安禄山的疑惧与日俱增，可以预见，天翻地覆的那一日正在加速到来。

关于之前被李林甫逐出朝廷、离开政坛的张九龄，在此记载两段逸事。张九龄有首诗叫《照镜见白发》。据说，他得知自己被革职不再起用后，慨然作了这首诗。有人认为此诗的作者是否为张九龄还无法确认，但它被收入《唐诗选》等选集中，已经广为人知。这首五言绝句的全诗如下：

宿昔青云志，蹉跎白发年。
谁知明镜里，形影自相怜。

年轻时怀抱着青云之志，本想为世为国大有作为，孰料却因种种挫折而无法如愿，不知不觉已到了白发苍苍的年纪。谁曾想过，镜子里的影子会和自己互相感到寂寞和可怜呢。"蹉跎"是"牵绊"、"中途失败"的意思。

张九龄是广东曲江人，进士及第，侍奉玄宗深得信任。他总是秉持正论，对任何人都直言不讳。他风威秀整，玄宗曾对左右之人说："只要见到张九龄，我的精神就紧张起来。"[1]很早就提出不要让安禄山得势的也是他。后来，被安

①《开元天宝遗事》卷下《天宝下·精神顿生》载："帝见张九龄风威秀整，异于众僚，谓左右曰：'朕每见九龄，使我精神顿生。'"

禄山的叛军逼迫逃往蜀地的玄宗,后悔没有接受张九龄的进言,并对他的先见之明大加赞赏。

《开元天宝遗事》中有这样一则记载,张九龄曾在少年时代饲养过信鸽:

> 张九龄少年时,家养群鸽,每与亲知书信往来,只以书系鸽足上,依所教之处,飞往投之。九龄目之为"飞奴",时人无不爱讶。

尽管有记录表明,在古代奥林匹克运动会上,希腊的各个城市都准备了信鸽来获取比赛胜利的消息,但这在当时的中国可能是很罕见的事情。

潼关的攻防

安禄山率领的大军一般被称为"蕃汉十五万"。除了节度使麾下的汉人士兵,安禄山逐渐在朔北地区组建起了自己的军队,将大量奚、契丹等异民族士兵们也掺杂其中。

《资治通鉴》"天宝十四载(755)"条记载:

> 十一月,甲子,禄山发所部兵及同罗、奚、契丹、室韦凡十五万众,号二十万,反于范阳。

安禄山将实际十五万的兵力称为二十万,开始一路南下。

《长恨歌》中这样写道：

> 渔阳鼙鼓动地来，惊破霓裳羽衣曲。

渔阳是郡名，指今河北省蓟县一带。白乐天以此为范阳的古称。"鼙鼓"是战地大鼓，为进攻时所用。他将十五万大军开始南下逼近形容为"动地来"。谋反的消息七天之后便传到了长安，骊山脚下华清行宫中的玄宗立即起驾回銮，皇宫内外人人失色。"惊破"指惊动。"破"是添字，和"踏破""读破"等词中的"破"一样，没有"打破"的意思，只是用两个字来平衡动词而已。离宫中演奏着《霓裳羽衣曲》，这个消息令沉醉于太平盛世的宫人们为之愕然。

朝廷首先将当时留在长安的安禄山之子安庆宗处斩，又赐死了他的妻子。安庆宗当时的官位是太仆卿。接着发布诏书，劝告安禄山"归顺"。

各地为了防备安禄山的进攻，纷纷招兵买马，但是从官库里取出的武器都已经腐朽了，大部分无法使用。士兵们得到的只有一根名为"梃"的棍棒。这样一来，就无法面对一直在北方反复作战、武器精良、训练有素的叛军了。

进击的安禄山军队（《长恨歌绘入抄》）

　　南下军队每天行进40公里，路径就是现在京广铁路沿线的平原。简直是疾风之势。所到之处都做好了迎接军队的准备，安禄山为了安抚士兵，给每人都分发了财帛。叛军所至无一敌手，全部归顺。博陵、赵郡、巨鹿、邺城失陷，不久叛军抵达黄河。其时正值严冬，贼人向河中投草，将树木砍倒抛入河中，用绳子系舟聚筏，使河面结冰，这才勉强渡过黄河，此后便一举逼近洛阳。向河中投草以渡的做法就是古代兵法中"舟梁之备，水草之资"记载的体现，是经常使用的战时施工方法。

洛阳位于黄河支流洛河以北，因而名之；附近形成小盆地，作为连接华北平原和渭水盆地的交通要地而发达起来；在唐代作为陪都被称为东都、东京、神都等等。经由运河输送而来的江南物资在此集散，因此洛阳也是经济上的重要据点。驻守此地的是封常清。他害怕叛贼大军，不战而逃至陕州[①]。东都留守李憕和御史中丞卢奕受困被杀，河南尹达奚珣向安禄山投降称臣。当时位于陕州的高仙芝在封常清逃来之后，便调军驻守潼关，以备贼军。在官军全面崩溃的情况下，只有颜杲卿是有所作为的人。当时，他在安禄山的管辖范围内担任常山太守，接到洛阳陷落的消息后，立即举义兵，展开切断贼军退路的作战。他的堂兄、著名书法家颜真卿也在平原郡响应，常山、平原两郡一时军声大振。

由于官军抵抗薄弱，东都洛阳的宫殿得以完整保存。叛军转战各地，四方郡县的兵众也加入其中，势力不断扩大。举事两个月，即天宝十五载（756）正月，安禄山在洛阳宫殿自称"大燕皇帝"，改年号为"圣武"，封其子安庆绪为"晋王"，安庆和为"郑王"，投降的达奚珣为"左相"，此外还任命了百官。

---

① 据《旧唐书·封常清传》《新唐书·封常清传》载，封常清受封范阳节度使，于东京募兵而守，与安禄山苦战，不能御而走陕州投高仙芝，似乎并非"不战而逃"。

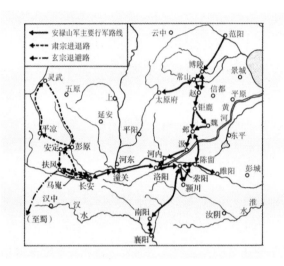

安禄山进军图

　　安禄山停留在洛阳,不敢西进长安,一方面是因为他对东都洛阳雄伟壮丽的宫殿感到满意,另一方面也是因为他知道以潼关为核心的军备防线意外地稳固。曾在河北屡次击败安禄山盟友史思明大军的关中名将李光弼,也摩拳擦掌地等待安禄山的行动。气势渐弱的安禄山预计自己没有什么胜算,甚至想要返回故乡范阳。不过安禄山在听了一个叫田乾真的人的劝告之后,决意再定胜负,便开始发动大军一齐向西进军首都长安。

　　从洛阳逃到陕州的封常清跟随高仙芝一起进入了潼关。高仙芝是高句丽人,曾在玄宗麾下效劳,在讨伐西域中有战功,担任右羽林大将军,封密云郡公。安禄山作乱时,他正

在陕州，考虑到放弃陕州而去驻守潼关更为紧要，所以他冲
破敌人的包围来到了这里。然而由于与随军监军的宦官边令
诚不和，在他的谗言之下，高仙芝和封常清竟被一同斩首。
国难当头，良将却因内讧被逼上了绝路。《旧唐书·高仙芝
传》中说："贼骑至关，已有备矣，不能攻而去，仙芝之力
也。"多亏了高仙芝的坚定防守，他把每次从洛阳前来袭扰的
安禄山的部队都赶了回去，给人以"官军难撼"的印象。高
仙芝被处刑的理由之一是说他克扣军资，于是他召令部下列
队在刑场外，对他们大声呼喊道："如今边令诚说我侵吞官
物，如果诸位认为我确实有罪请据实而言，若觉得我无罪请
为我喊冤！"士兵们一齐大喊"冤枉"，他们的声音将地面都
震动了。

　　在高仙芝之后被起用的是哥舒翰，他复姓哥舒，名翰，
出身于被称为杂胡的少数民族突骑施，其姓氏哥舒原本是其
部族名。哥舒翰在四十岁以后发奋成为武人，在攻打吐蕃中
立下战功，被封西平郡王，天宝十三载（754）兼任太子太
保、御史大夫，深得玄宗的信任。尽管出身蕃族，他却好读
汉籍，对《春秋左氏传》和《汉书》也很熟悉。因为他轻财
物重气骨，部下们都很信服。但另一方面，他也有嗜酒、耽
于女色的癖好，当时他还因中风而健康受损，回到长安后便
卧床度日。虽然是病人，玄宗还是把潼关托付给了这位名望
天下第一的名将。

　　潼关位于洛阳和长安之间，在陕西省的东部，古称桃林

塞。周武王曾在此牧牛，《书经》中说："归马于华山之阳，放牛于桃林之野"，宋代《太平寰宇记》记"桃林塞"："自（灵宝）以西至潼关皆是也。"南流而来的黄河在此冲击华山，折而向东。此处地势险要，是中原进入关中的最大要冲，是长安的生命线。

安禄山的军队在洛阳附近的陈留大开杀戒，使得洛阳城内也动乱狼籍。其军纪逐渐涣散，部将之间也有内部分裂的迹象。当时，"知己知彼"的名将哥舒翰，纵观战局，认为在占据天险的潼关闭守不出进行持久战是最好的方案。如果出关作战，在地形上也很不利。不止哥舒翰，军中猛将郭子仪、李光弼等人的意见也相同。但长安传来的指令却一意孤行："出兵作战"。这主要是杨国忠的策划。杨国忠早与哥舒翰不睦，即使到了这个时候，他仍然深陷宫廷内部的权力斗争。他不愿哥舒翰成为救国英雄、人望骤涨、势力剧增。另外，杨国忠还怀疑哥舒翰主张固守城池是与安禄山有密约，他是不是打算作为内应一同攻入长安？为了防备哥舒翰倒戈，他还在长安前方部署了轮班士兵。杨国忠给出的理由是，哥舒翰是异族出身，极易与同为蕃族的安禄山沆瀣一气。玄宗当时也为他的说法所动摇。

哥舒翰关于坚守潼关的上奏文在《旧唐书》中有如下记载：

禄山虽窃河朔，而不得人心，请持重以弊之，彼自离心，因而覆灭之，可不伤兵擒兹寇矣。

他还说：

> 贼兵远来，利在速战。今王师自战其地，利在坚守，
> 不利轻出；若轻出关，是入其算。乞更观事势。

如果出兵讨伐，便正中"敌人下怀"。虽在病中，名将的判断力却丝毫未减。但是玄宗对哥舒翰的切切谏言充耳不闻，却被身侧的杨国忠动摇心神。长安频频派来使者下令出击。哥舒翰终于无法抗拒，尽管明知不利，还是命令将士们出征了。二十万大军陆续从潼关出发，前路南迫险峭，北临黄河。士兵们在这条长达七十余里的狭窄道路上纵队前进，人人争先恐后，队伍颠倒不齐，从一开始就陷入了混乱之中。敌将崔乾祐是个谋略家，很早以前就故意散布了未作任何准备的谣言，还让人以为他手下的兵力只有几千。这一切都是为了把潼关的大军引出来。大军一进攻，叛军就表现出一副不战而逃的样了。遭到猛烈攻击，他们就一股脑儿冲进早已埋好伏兵的地方。大军以毫无防备之势杀到此处，伏兵们便突然蜂拥而上，山坡上还投下来许多木石。正当那时，刮起了猛烈的东风，崔乾祐等的就是这一刻。他将事先准备好的满载而来的数十辆草车一齐点燃，浓烟滚滚，铺天盖地。在烟雾和火焰的笼罩下，将官士兵都喘不上气，睁不开眼，引起了

巨大恐慌，进退推挤间失足跌落黄河，死者达数万人。在兵败如山崩的情形下，哥舒翰侥幸逃到潼关以西，召集了八千残兵，企图东山再起，却被部下背叛，终为安禄山俘虏。

被绳缚住的哥舒翰来到安禄山面前，安禄山开口说：

> 汝常轻我，今日如何？

这是谁都想说一回的台词。两人是玄宗手下长期以来的仇敌。但此时，身心疲惫万念俱灰的哥舒翰只得跪拜乞求怜悯。安禄山暂时让他活了下来，但在发现他没有利用价值之后，就干脆地杀了他。

潼关失陷发生在天宝十五载（756）六月九日。安禄山的叛军在此停留了十日便开始向长安发起最后的进攻。前途不再有阻碍——因为"潼关失守"的消息传来时，派往黄河南北的驻军也好守军也罢，都已全部四散而逃。

第五章

玄宗幸蜀

马嵬事变

天宝十五载（756）六月九日，潼关落入贼手。急报在十一日送抵长安。杨国忠在朝中召集百官，却没人能拿出任何善后措施。宫中集会的消息也传入了民间。城中骤然陷入混乱，因为贼军在陈留郡实施的大虐杀以及在洛阳城中制造的暴行已经广为人知。

杨国忠暗中与玄宗商议，计划逃离长安。十二日，一个叫崔光远的人被任命为京兆尹，同时充任西都留守。京兆指的是长安下属的十二县，京兆尹兼任都知事和军事总管，也就是长安防卫的负责人。宫门钥匙由宦官边令诚掌管。这天傍晚，下达了让龙武大将军陈玄礼为天子护卫的命令，同时整顿军队。杨国忠设想的是平安逃到蜀地，即"幸蜀"。因为蜀地是杨氏的故地，他也曾担任剑南节度使，人脉深厚。他们从朝廷的马厩中选出了九百多匹马——而这一切都是秘密进行的。因为如果公开的话，引起朝臣们的反对，事情将被拖延，这点显而易见。皇族亦不知晓，宫人也大多没有注意到。

六月十三日，夜尚未明，玄宗、杨贵妃、韩国夫人、虢国夫人、秦国夫人、皇子、禁苑里的妃子、公主、皇孙，以及杨国忠、韦见素、魏方进、陈玄礼、高力士和亲近的宦官带着宫人们，幸蜀一行人从禁苑西门"延英门"①开始动身。天空微暗，细雨不歇。

当时，禁苑之外的妃子、公主和皇孙们没有被纳入西行的队伍中，他们全部被抛弃了。

幸蜀一行经过宫中左藏库时，杨国忠提议焚毁它。既然要被叛贼盗取，那索性烧掉算了。但这时玄宗正襟说道：

> 如果贼人攻来，得不到必要的财物，必将向万民征
> 敛。与其这样，还不如把宫中的财物原封不动地留给他

---

① "延英门"乃据李德裕《次柳氏旧闻》（见下文）。《唐六典·尚书工部卷第七·工部郎中·员外郎》（〔唐〕李林甫等撰、陈仲夫点校《唐六典》，中华书局，1992年）载唐长安城中有"延英门"，在大明宫内宣政殿之西，内有延英殿及含象殿。但据《旧唐书》卷九《玄宗本纪下》："乙未（天宝十五载六月十三日），凌晨，自延秋门出，微雨沾湿。"《资治通鉴》卷二一八《唐纪三十四》"肃宗至德元载（756）"："乙未，黎明，上独与贵妃姐妹、皇子、妃、主、皇孙、杨国忠、韦见素、魏方进、陈玄礼及亲近宦官、宫人出延秋门。"胡三省注："延秋门，唐长安禁苑之西门。"

们，不要再让我们的百姓受苦。

这个在紧急情况下仍不失仁慈之心的佳话流传至今，典故出自据说是唐代李德裕所撰写的《次柳氏旧闻》，其文如下：

> 玄宗西幸，车驾自延英门出，杨国忠请由左藏库而去，上从之。望见千余人持火炬以俟，上驻跸曰："何用此为？"国忠对曰："请焚库积，无为盗守。"上敛容曰："盗至，若不得此，当厚敛于民。不如与之，无重困吾赤子也。"命撤火炬而后行。闻者皆感激流涕，迭相谓曰："吾君爱人如此，福未艾也。"①

"火炬"就是"松明"②。杨国忠想命人用这些"松明"点燃仓库。"跸"指的是"天子之车"。听到玄宗这番话的众人感动于他的爱民之心，流下了眼泪，争相传说："能够如此爱民，我们主君的气运一定不会穷尽。"

幸蜀一行人到达长安城西的"便门"，接着走过架在渭水上的"便桥"。一行人过后，杨国忠打算烧掉这座桥，想切断叛贼的追击。但这时玄宗阻止了他，如此说道：

---

① 见［唐］李德裕撰，吴企明点校《次柳氏旧闻》，中华书局，2012年。"福未艾也"句下尚有"虽太王去豳，何以过此乎"句。

② 日语"松明"（たいまつ）即指火炬、火把。

逃往蜀地的玄宗（《长恨歌绘入抄》）

　　如果这座桥被烧毁了，那么人们不就无法从贼人横行的长安逃离了吗？

　　这件事记录在《旧唐书·玄宗本纪》中：

　　　　平明渡便桥，国忠欲断桥。上曰："后来者何以能济？"

　　当天中午时分，一行人终于到达咸阳县东的望贤宫。然而，作为先行官提前到达此地的宦官王洛卿，与县令相约逃得无影无踪了。由于得不到咸阳县的接济，杨国忠只能亲自到镇上的集市买"胡饼"，装在袖子里带回来献给玄宗。杨贵妃等宫人都濒临饥渴。陈玄礼率领了二百名士兵跟随，士兵们同样一点食物也得不到。直到这时，咸阳周围的百姓才渐渐聚拢过来。他们看着这一行人的危难窘迫十分同情，纷纷献上掺杂有麦豆的粗食。玄宗支付给他们相应的财物，并由衷地表达了深切的慰问。百姓亲眼目睹了天子的狼狈都涕泣不止，玄宗也以袖拭泪。

　　这天夜半，队伍到达了长安城西五十六公里的金城县。这里的县令也逃跑了。馆驿中没有烛火，人们互相以身为枕，在黑暗中度过了不安的一夜。

六月十四日丙辰①，幸蜀一行来到一个叫马嵬的村落。陈玄礼所率领的二百名士兵因饥饿而疲惫不堪，已经没有前进的力气了。没有足够的食物供应就被迫启程，还要被带到遥远的蜀地去，他们抱怨自身的不幸，心中充满了愤懑。特别是对如今已成为"失落的偶像"的宰相杨国忠之憎恨尤为强烈：安禄山就是打着"讨伐杨国忠"的旗号，叛乱给唐王朝带来的创痛越来越明显；昔日令人侧目的荣华和专横也是人们怒火的来源；把哥舒翰逼上绝路的不当处置也已众所周知。陈玄礼代表士兵们将这种心情上奏给了玄宗：

> 安禄山举兵的名目是诛杀杨国忠。杨国忠受到朝廷内外许多人的憎恶。为了拯救国家的危难，杨国忠一派必须被处决。②

听此奏报，玄宗深思熟虑了一番，但尚未立即采取行动。

---

① "丙辰"盖依《旧唐书》卷九《玄宗本纪下》所载"丙辰，次马嵬驿，诸卫顿军不进"条。然天宝十五载六月无"丙辰"日。按同卷前载幸蜀一行从延秋门出发时为"乙未黎明"，经过一天赶路，第二天到达马嵬，则其日干支应是"丙申"。《资治通鉴》正作"丙申"。此处"丙辰"应是"丙申"之讹。

② 《旧唐书·玄宗本纪下》载龙武大将军陈玄礼奏曰："逆胡指阙，以诛国忠为名，然中外群情，不无嫌怨。今国步艰阻，乘舆震荡，陛下宜徇群情，为社稷大计，国忠之徒，可置之于法。"

马嵬驿（童岭摄）

这无论如何都是一个难以解决的问题。然而，就在这时，二十一名吐蕃使者来到此地，他们拦在杨国忠的马前，抱怨自己没有食物。士兵们见此情景，都骚动起来，大喊着"杨国忠勾结胡人谋反"。他们把杨国忠的马包围起来，一路追杀，将逃跑的杨国忠杀死在马嵬驿的西门内，屠割了他的尸体，用长枪将他的首级挂在驿门外。紧接着，杨国忠的儿子户部侍郎杨暄①、韩国夫人、秦国夫人和虢国夫人也相继被士兵们杀死。御使大夫魏方进来到士兵面前质问：

汝曹何敢害宰相？②

这下连魏方进也被杀了。虢国夫人被杀时曾高声呼喊："你们是官军还是贼军？"士兵们怒吼道："这不重要！"③玄宗亲信韦见素也受到了士兵的袭击，被马鞭打得脑血直喷，直到众人疾呼"勿杀韦相公"，韦见素才幸免于难。场面无疑失控了。

----

① "喧"当作"暄"。按《资治通鉴》卷二一八《唐纪三十四》"肃宗至德元载（756）"："国忠走至西门内，军士追杀之，屠割支体，以枪揭其首于驿门外，并杀其子户部侍郎暄及韩国、秦国夫人。"此盖著者所本。

② 此句照《资治通鉴》卷二一八《唐纪三十四》"肃宗至德元载（756）"原文译出。

③ 《旧唐书》卷五一《后妃上》："马嵬之诛国忠也，虢国夫人闻难作，奔马至陈仓。县令薛景仙率人吏追之，走入竹林。先杀其男裴徽及一女。国忠妻裴柔曰：'娘子为我尽命。'即刺杀之。已而自刭，不死，县吏载之，闭于狱中。犹谓吏曰：'国家乎？贼乎？'吏曰：'互有之。'血凝至喉而卒，遂瘗于郭外。"《新唐书》略同。但两《唐书》记载虢国夫人是逃到陈仓被杀的，并不是死在马嵬兵变当场，著者此处叙述似有不妥。

玄宗听到了喧闹声，拄着手杖走到驿站门前，抚慰士兵，下令他们收刀归队，但士兵们仍然沉默不语且不愿离去。于是玄宗派遣高力士向陈玄礼询问缘由。陈玄礼说：

> 杨国忠意图谋反。作为亲属的杨贵妃不宜再侍奉在陛下身旁。请陛下放下恩爱，依法处置。①

玄宗回答着"朕自己决定吧"②，但又陷入沉思，侧着头恍惚起来。这时京兆司录韦谔走上前来：

> 现在众怒难犯，国家的安危迫在眉睫。请您务必决断！③

他如此逼迫着，一边述说一边下跪叩头，以至血流满面。

---

① 《资治通鉴》卷二一八《唐纪三十四》"肃宗至德元载（756）"："上使高力士问之，玄礼对曰：'国忠谋反，贵妃不宜供奉，愿陛下割恩正法。'"

② 《资治通鉴》卷二一八《唐纪三十四》"肃宗至德元载（756）"："上曰：'朕当自处之。'"

③ 《资治通鉴》卷二一八《唐纪三十四》"肃宗至德元载（756）"："京兆司录韦谔前言曰：'今众怒难犯，安危在晷刻，愿陛下速决！'"

> 杨贵妃久居深宫，不知杨国忠谋反。何罪之有？①

玄宗如此反驳道。他始终想袒护贵妃。高力士听了两人的对话，面色沉痛地对玄宗说：

> 贵妃娘娘确实无罪，但是兵士们既然已经杀了杨国忠，贵妃若还在陛下身边，他们今后就无法安心了。请陛下一定要考虑到这一点。兵士们不安心，陛下也无法安心啊。②

听了这话，玄宗终于死心了，把一切都交给了高力士。高力士把贵妃引入附近的佛堂，将她缢杀了。她的尸体放置在驿馆庭中，请陈玄礼等人入内核实。他们确认尸体后，便脱去甲胄，向玄宗叩头请罪。玄宗安慰了他们，并命他们告谕其他的兵士。陈玄礼等人再次叩头后便返回军中，士兵们也亲眼目睹了事情的结果，军纪终于恢复了正常。

以上部分讲述的就是玄宗蜀幸之始至杨国忠及贵妃之死的一段故事。资料见于《资治通鉴·唐纪三十四》"肃宗至德

---

① 《资治通鉴》卷二一八《唐纪三十四》"肃宗至德元载（756）""上曰：'贵妃常居深宫，安知国忠反谋？'"

② 《资治通鉴》卷二一八《唐纪三十四》"肃宗至德元载（756）"："高力士曰：'贵妃诚无罪，然将士已杀国忠，而贵妃在陛下左右，岂敢自安！愿陛下审思之，将士安则陛下安矣。'"

元载"条，叙述可谓相当详细。与此相对，《旧唐书·玄宗本纪》六月十四日这一条则极为简略，其文如下：

> 丙辰，次马嵬驿，诸卫顿军不进。龙武大将军陈玄礼奏曰："逆胡指阙，以诛国忠为名，然中外群情，不无嫌怨。今国步艰阻，乘舆震荡，陛下宜徇群情，为社稷大计，国忠之徒，可置之于法。"会吐蕃使二十一人遮国忠告诉于驿门，众呼曰："杨国忠连蕃人谋逆！"兵士围驿四合，及诛杨国忠、魏方进一族，兵犹未解。上令高力士诘之，回奏曰："诸将既诛国忠，以贵妃在宫，人情恐惧。"上即命力士赐贵妃自尽。玄礼等见上请罪，命释之。

"逆胡"即胡人逆贼安禄山。最后只说"赐贵妃自尽"，并没有说明杨贵妃是在什么地方死的。

《旧唐书·后妃传》中也有类似的记载：

> 及潼关失守，从幸至马嵬，禁军大将陈玄礼密启太子，诛国忠父子。继而四军不散，玄宗遣力士宣问，对曰"贼本尚在"，盖指贵妃也。力士复奏，帝不获已，与妃诀，遂缢死于佛室。时年三十八，瘗于驿西道侧。

在这段文献中，陈玄礼诛杀杨国忠时，事先得到了太子的同意。另外，关于杨贵妃之死，也记载道，她同样是被缢

唐杨氏贵妃之墓（邵力子题　童岭摄）

杀于佛室，时年三十八岁，尸骨也埋葬在马嵬驿西侧的道路旁。

《长恨歌》里这样写道：

> 九重城阙烟尘生，千乘万骑西南行。
>
> 翠华摇摇行复止，西出都门百余里。
>
> 六军不发无奈何，宛转蛾眉马前死。
>
> 花钿委地无人收，翠翘金雀玉搔头。
>
> 君王掩面救不得，回看血泪相和流。

"翠华"指的是用翠鸟羽毛装饰的旗帜，即"天子之旗"。"摇摇"就是"摇晃"。诗中记载都门到马嵬的距离是"百余里"，中国的一里约为560米。"六军"指禁军，是天子直属的近卫兵。龙武、神武、神策三军各分左右军。"宛转"指丰润美丽，"蛾眉"指像蚕蛾子一样优美的眉毛，代指美人。"花钿"指用花朵装饰的"簪子"，"翠翘"指用翠羽做成的首饰。"金雀"恐怕是指雀形金钗。"玉搔头"指玉簪。

这一节大意如下：

> 幽深的宫殿里升起了战争的烟尘，天子率领千乘万骑，向西南方的蜀地撤离。
>
> 翠羽装饰的天子之旗在风中摇曳，行行止止行行，终于抵达都门以西百余里的马嵬驿。
>
> 然而，近卫军至此驻足不前，无奈之下，美丽的杨贵妃在天子的马前香消玉殒。
>
> 花钿抛落无人收敛，珠翠翘、金雀钗、玉搔头，遗落满地。
>
> 无计可施的天子只得掩面，一回首，辛酸的泪水流了下来。

国破山河在

天宝十五载（756）六月十五日，玄宗一行再次从马嵬出发前往蜀地。

六月十七日，安禄山率军进入长安。但此后并未展开追踪。

玄宗一行的目的地是蜀郡，但由于发起者杨国忠已死，众人议论再起。有人提议去河西或者陇右，有人提议去灵武或者太原，还有人提议回驾京师。一行人商议暂时前往扶风，但在此留下皇太子之后，玄宗还是决定按照最初的目标行幸蜀郡。

七月十五日玄宗授予皇太子天下兵马元帅之位，下令收复洛阳、长安两京。另外，任命第十六子永王璘为江陵府都督，第二十六子丰王珙为武威郡都督，总算安排好了应对安禄山叛军的阵容。七月十八日宿于巴西郡，接着，经由世人所谓艰险异常的蜀道登上剑南山，从那里下来，在七月二十八日到达蜀郡，也就是现在的成都市。与玄宗一同到达此地的有一千三百人，以及二十四名宫女。虽然在扶风与皇太子一行人道别之后仓惶启程，但这到底还是一大群人。至此，离开马嵬已有四十三日，从六月十三日西出长安算起，则过了四十五天。

在扶风与玄宗离别的皇太子，于七月九日到达今宁夏回族自治区的灵武县，以此为据点安定下来。五胡十六国时代的赫连氏的大夏政权曾在这里筑城建国。当时整个唐王朝最可靠的武将郭子仪就作为朔方节度使驻扎在此。这里是西北边境防御要地，郭子仪在此集结了西羌的党项①等诸部族的士兵，号称精锐。不久，皇太子就在群臣的劝进下在这里继位。唐朝第七代皇帝肃宗诞生了，改元至德。

此事也被认为是事先得到了玄宗的谅解。八月十五日，灵武派使者前来，玄宗遵从肃宗书册指示成为上皇，称"太上皇"。

关于通过险峻的栈道到达蜀地的旅程，《长恨歌》是这样描写的：

> 黄埃散漫风萧索，云栈萦纡登剑阁。
> 蛾眉山下少人行，旌旗无光日色薄。
> 蜀江水碧蜀山青，圣主朝朝暮暮情。
> 行宫见月伤心色，夜雨闻铃肠断声。

"黄埃"是指一行人卷起的黄土地带的砂土和烟尘。"云栈"是高耸入云的悬桥。这种"悬桥"一般被称为"栈道"或"栈阁"。那些无法修建普通道路的陡峭之地，在岩面上凿洞，插入木材，像棚架一样排列木板于其上，就建成了栈道。自古以来，由秦（陕西省）入蜀（四川省），都必须通过这条

---

① 著者原文为"チベット族の党项（タングート，Tangut）諸部族の兵を集めて"。按《新唐书》卷二二一《西域上》："党项，汉西羌别种。"因此原文的"チベット族"当非藏族之意，而是指称属于藏缅语族的羌人。

漫长又危险的栈道。李白在《蜀道难》一诗中就这样写道："危乎高哉！蜀道之难难于上青天。"玄宗一行人就是从这里经过的。"剑阁"是蜀地的山名，有大剑山和小剑山，其间有栈道相连。也被称为蜀地的北门。"蛾眉山"也作"峨眉山"，是成都南边的蜀中名山，山形如同女子细长的蛾眉。"蜀江"则是流经成都的"锦江"。这条河里漂洗出的布被称作蜀江之锦。"圣主"在这里当然是指玄宗。

诗的大意如下：

> 幸蜀的队列在漫天黄尘、萧瑟悲风中行进，绕过高耸入云的险峻栈桥，登上剑阁山。
>
> 蛾眉山下的道路人迹罕至，天子的旌旗黯淡失色，连日光都显得昏冥稀薄。
>
> 蜀水碧绿蜀山青翠，看着这些就像天子对杨贵妃的思念，朝朝暮暮，悲不能已。
>
> 行宫中望着月色凄凉伤怀，夜雨里听到銮铃痛彻心扉。

另一边，闯入长安的安禄山叛军又做了什么呢？接到玄宗撤离的消息，安禄山的部将孙孝哲等人进入城内，打开官库，争相掠夺财宝。因为保管宫中钥匙的边令诚投降，献上了钥匙。追随玄宗之朝臣的家属全部被杀。叛军所到之处劫掠、施暴、杀人层出不穷。而且上下都沉浸在享乐之中，根本无心追踪玄宗一行。

不久，皇太子在灵武即位改元，郭子仪、李光弼等作为先锋欲率军夺回东西两京的消息频频传来。然而，安禄山在长安享受着当皇帝的感觉，每日沉湎于游乐，身体状况明显下降，他患了眼疾，视力几乎丧失。心生胆怯的他失去了防卫长安的自信，带着留在长安的女官，裹挟着金银财宝逃到了洛阳。他的背上也不断长出叫作疽的恶性脓肿。他变得自暴自弃、狂躁不安。天生肥胖也可能是他落得老年病晚期的原因。

谋反、长期作战、患得患失、对身边人去留的疑心等等，这些积累的压力，使得他的身心都被逼迫到不可救药的地步，悲剧不久便汹涌而至。

一开始，安禄山指定了安庆绪作为皇太子，但之后他宠溺段夫人所生的庆恩，就考虑改换继承人。衔恨于此的安庆绪在安禄山亲信严庄的挑唆下企图弑父。曾在安禄山身边侍奉过的宦官李猪儿被选作任务实行者。因为他每天都被极度狂暴的安禄山鞭笞，已然怀恨在心。

至德二载（757）元日的夜里，三人秘密潜入安禄山的营帐。安庆绪和严庄默然守在帐外，李猪儿掀帐入内，竭尽全力一刀刺向熟睡中的安禄山的巨腹。李猪儿力大无穷。"噗"的一声，一击即中。安禄山勉强起身，寻找佩刀，但由于失明没有找到。于是他抓住卧帐的柱子一边摇晃一边大喊："有贼！"瞬间他的肠子一齐喷涌而出，他一下子扑倒在了床上。

安禄山终年五十三岁，自称天子仅一年。他的尸体被毛毡裹着，埋在了床下。安庆绪和严庄宣称安禄山病危，并伪造诏书，将安庆绪立为皇太子。他们先是假尊安禄山为太上皇，不久后再公布他的死讯。

安禄山横死的消息很快传入官军耳中。以肃宗的皇子广平王李俶（之后的代宗）为总帅，郭子仪率领十五万官军乘机进攻安庆绪的六万守军，这年九月一举收复了长安。广平王的军团乘胜进逼洛阳，压迫贼军。安庆绪无力对抗，仓惶出逃，遁走河北。

此时肃宗已离开灵武，经由彭原到达长安以西的凤翔（位于陕西省西部）。长安收复的消息立即由肃宗传达给了玄宗。十月二十三日，肃宗率先回到长安。百姓看到他的英姿都潸然泪下，面目全非的都城荒败之景令人伤怀。唐王室的祖庙也被贼军焚毁。

如今已成为太上皇的玄宗，在肃宗回到长安的十月二十三日当天也离开了蜀地的行宫。回到长安是十二月的丙午日。他寓居成都一年零两个月，离开长安则有一年半的时间了。

动乱前与后的天地完全变改了。

玄宗遭遇出乎意料的大乱，被迫走下权力的宝座。旧臣们也大多在洛阳或长安死于叛军之手。现在已经是肃宗的时代了。

《长恨歌》是这样吟咏玄宗回驾之旅的：

　　　　天旋日转回龙驭，到此踌躇不能去。

　　　　马嵬坡下泥土中，不见玉颜空死处。

　　　　君臣相顾尽沾衣，东望都门信马归。

　　"天旋日转"是指天下形势之一变，即安禄山之死和长安光复。"龙驭"是指天子车驾，这里指的是太上皇的车马。"到此"是指再次经过杨贵妃被杀之地马嵬驿，也就是下句诗中所说的"马嵬坡"。"坡"指的是堤、小丘，是地名。《方舆纪要》①："城北有马嵬坡，天宝末玄宗西幸，至马嵬驿，六军不发，因赐贵妃死，葬于马嵬坡。坡旁有马嵬泉。""玉颜"指的是像玉一样美丽的容颜，代指杨贵妃。

　　诗句大意如下：

　　　　日月轮回，天下情势风云变幻，天子车驾即将返回京师。然而行至马嵬，便心有所触，盘桓难去。

　　　　马嵬坡下的泥土里，已然不见杨贵妃如玉的面容，只有孤冢残存。

　　　　一行人面面相觑，泪湿襟衫，天子向东望见都城的城门，信马落寞而归。

---

　　①《读史方舆纪要》卷五十三《陕西二·西安府上·兴平县》"马嵬城"（［清］顾祖禹撰，贺次君、施和金点校《读史方舆纪要》，中华书局，2005年）。

白乐天用"信马归"三个字巧妙地描绘了玄宗对杀死杨贵妃一事懊悔不已，像"行尸走肉"一样失去气力，垂头丧气地走向都门的情形。

《旧唐书·玄宗本纪》是这样记述的：

> 九月，郭子仪收复两京。十月，肃宗遣中使入蜀奉迎。丁卯，上皇发蜀都。肃宗遣精骑三千至扶风迎卫。十二月丙午，肃宗具法驾至咸阳望贤驿迎奉。上皇御宫之南楼，肃宗拜庆楼下，呜咽流涕不自胜。丁未，至京师，文武百僚、京城士庶夹道欢呼，靡不流涕。时太庙为贼所焚，权移神主于大内长安殿，上皇谒庙请罪，遂幸兴庆宫。[1]

将肃宗小心恭谨地迎接上皇，长安上下无不感动落泪的情景展现得栩栩如生。

《旧唐书·肃宗本纪》记载了玄宗受到肃宗的亲迎后曾这样感叹：

[1]《旧唐书·玄宗本纪下》原文"九月"作"明年九月"，即至德二载（757）；"肃宗遣中使"下有"啖廷瑶"，"上皇发蜀都"之"蜀都"作"蜀郡"，"肃宗遣精骑三千"前有"十一月丙申，次凤翔郡"，"呜咽流涕不自胜"下有"为上皇徒步控辔，上皇抚背止之，即骑马前导"，"靡不流涕"下有"即日御大明宫之含元殿，见百僚，上皇亲自抚问，人人感咽"。著者引用时有所删节。

　　　　吾享国长久，吾不知贵，见吾子为天子，吾知贵矣。

此外，从长安的开远门至丹凤门，庆祝的旗帜随风招展，绫绸装饰的棚屋夹道林立，民众在路旁欢舞雀跃迎接帝驾，他们互相表达着喜悦：

　　　　不图今日再见二圣！

"二圣"指的是如今已成为太上皇的玄宗和新皇帝肃宗二人。

　　在此之前，诗人杜甫曾落入贼手，滞留长安，其原委如下：
　　最初，杜甫生活在长安，但因无法供养妻儿，只能把妻儿转移至奉先县（陕西省蒲城），自己则在奉先和长安之间往来奔波。这是因为他妻子的同族在奉先担任县令，所以拜托照顾。安禄山之乱爆发时，杜甫正前往奉先，带着家人移居奉先西北的白水。然而，当潼关陷落的消息传来时，他发觉这里同样危险重重，于是带着一家人继续艰难地逃往白水以北、延安以南的鄜州。此时玄宗一行人正在连绵的阴雨中向蜀地行进。终于挣扎到达鄜州的杜甫把家安顿在城北叫羌村的地方。听闻皇太子在灵武即位，设立了临时朝廷，他便放下家人独自前往灵武。然而，前路已经被叛军控制，他不幸被俘。贼兵将杜甫押送到长安，但由于当时的杜甫身份低微，就这样在城中被释放了事。而有身份的人要么被送到洛阳囚禁，要么在长安被强征为伪官。幸运的是，杜甫并没有沦落到这个地步，但他孤身飘零，目睹了贼兵在城中掠夺的暴行，深切地尝到了亡国的悲哀。

至德二载（757）的一个春日，杜甫在长安街头徘徊，于曲江池边作了一首《哀江头》。其中触及"杨贵妃之死"的部分是这样写的：

> 明眸皓齿今何在？血污游魂归不得。

"明眸皓齿"指的是眼神明亮、牙齿洁白的美人，当然是指杨贵妃。"这样明丽的女子现在身在何处呢？断绝了性命、沾满了血污的幽魂在天地间迷惘，无处可归"，他的笔尖寄予了满腔的同情。

诗中也写到了玄宗在蜀地的境遇：

> 清渭东流剑阁深，去住彼此无消息。

"清渭"指清澈的渭水。这是一条京城附近向东流淌的河。"去住"是离开的人和停留的人。这句诗的意思是："出都门向西，翻越险峻的剑阁前往蜀地的天子一行人现在如何了呢？那边没有消息，这边也没有消息。"留在鄜州的家人同样音讯全无，诗人自身的不安也与日俱增。

闻名于世的《春望》也是同一时期的作品。

　　国破山河在，城春草木深。
　　感时花溅泪，恨别鸟惊心。
　　烽火连三月，家书抵万金。
　　白头搔更短，浑欲不胜簪。

　　题为"春望"意思是"春之眺望"。诗的大意是："长安如今的情况真是悲惨。即便春回大地，但看到美丽的花朵还是会因感慨人世无常而垂泪，听到欢快的鸟鸣也会为被迫远离至亲而惆怅痛心。通告兵乱的'烽火'在整个三月里燃烧不歇，侥幸收得的家人寄来的信件，价值能抵万金。愁肠满腹，白发稀疏，少得连簪子都戴不上了。"诗人如此悲叹着。

　　国破山河在

名句也因此而生。

　　当此之时，贼势渐衰，"二圣"回銮可喜可贺，人们喜不自胜。长安城中也再次亮起了希望之光。

安史之乱的背景

　　安禄山发动叛乱虽然是长期以来与李林甫、杨国忠等朝廷官员的矛盾冲突和权力斗争的结果，但从社会史的角度来看，由于府兵制的崩溃导致唐王朝军事力量的下降这一点是不容忽视的。

府兵制即所谓的"兵农一致"，征发"丁男"（成年男子）为府兵，人数达六十余万，全部隶属于中央兵部。但是，作为府兵制基础的均田制由于商业资本的进入和国家的重税征收，已经开始崩溃。也就是说，本应成为丁男的农民因贫困沦为流民，因此没有足够的人口来充当府兵。

开元十一年（723），监察御史宇文融实行了"括户政策"，目的是让农民回到原籍，以维持原本的均田制和府兵制。但没过几年就因为宇文融的失势而失败。

当时，为了防止北方民族的入侵，地方上需要建设强大的军队。但由于无法确保兵员，只好从流民等人中募兵，最终出现了募兵制。这样形成的地方军团——"军镇"，既不受中央兵部的支配，还掌握着民政权。由此可见，身兼三镇节度使的安禄山拥有多么强大的经济实力和军事实力。

此外，安禄山还是一个笼络人心的高手。在蕃族投降后常常施以恩惠，对士卒也下令解除捆绑，给他们沐浴并分发衣服，对语言不通的人还配备翻译，让他们尽快适应体制。安禄山发动的十五万大军中，就有很多"蕃兵"。由于他本人熟通蕃语，平日里便与士兵们敞开心扉交谈，尽力抚慰他们。因此，蕃兵们对安禄山感念于心，誓死效忠。

作为安禄山的盟友而协助起兵的史思明，和安禄山一样是突厥出身。两人是同乡，年龄也相仿，长年保持着良好的朋友关系。史思明在宫廷中也很出名，受到玄宗的喜爱，坐上了将军的位置。思明之名也是玄宗所赐。

据说他也和安禄山一样通晓六蕃语言，以互市牙郎的身份起家，后来地位逐渐提高，可以出入宫中。他以河朔雄厚的经济实力为背景，展开了华丽的人生。当他们走过都城大街来朝廷参谒见闻时，恐怕已经敏锐地感受到了大唐帝国繁荣背后隐藏的社会矛盾和时代转换的征兆。这大概就是被称为"杂胡"的异民族所特有的直觉吧。

叛乱之初，安禄山派史思明攻占河北各地。之后，他将这名盟友留在根据地范阳，负责防守后方，待官军颜杲卿等人进入常山后，他便下令进攻。史思明发挥猛将本色，仅用九天便攻陷常山，俘获了颜杲卿等人。

正如后人详细记载的那样，史思明杀了安庆绪后，一度投降朝廷，但不久便自立，号应天皇帝。之后从范阳长驱攻下汴州，接着又占领洛阳，给肃宗的朝廷带来冲击。他使用奇策在北邙山下击败官军名将李光弼，显示出不可抵挡的气势。但不久遭到儿子史朝义的袭击，猝然去世。刺客出现时，史思明正在如厕，于是逾墙而走。正好落入马槽，他便骑马逃跑，却被箭射中手臂而坠马。他曾三次呼唤朝义的名字并大喊："别杀我！"

汝杀我太疾，何不待我收长安？①

他这样说道。或许他有再夺长安的秘密计策吧。

他们横冲直撞了九年，将大唐帝国卷入动乱的漩涡后又消失了。导致唐王朝逐步走向灭亡的裂口是日渐暴露的。他们的作用在于将其呈现在众人眼前。安禄山和史思明都被自己的儿子杀死，不得善终。因为他们是叛臣、贼将，所以目前保存下来的资料对他们都很严苛。《旧唐书》将他们的传记与朱泚、黄巢等叛贼一起放在列传的最后；《新唐书》则将他们归入《逆臣传》，以"二贼"呼之。关于"安史之乱"，以《长恨歌》和《开元天宝遗事》为首的各种资料，用优美的语言叙述了玄宗朝的深宫哀事和爱情悲诗，史书中也记载了很多朝廷武将奋力抗争的故事。不过，与强大的汉族对抗，由此而像突厥人或者其他"杂胡"那样一鸣惊人的野心和干劲，这些"叛徒"也不是没有。

事实上，在他们的根据地河北地区，即使在动乱之后数十年，对安禄山、史思明的支持和人气也丝毫不减，当地还建了祠堂，将他们尊为"两圣"②。但是，如果说他们从一开

---

① 出自《旧唐书》卷二百上《史思明传》。

② 《新唐书》卷一二七《张弘靖传》载长庆初张弘靖"充卢龙节度使。始入幽州，老幼夹道观。河朔旧将与士卒均寒暑，无障盖安舆，弘靖素贵，肩舆而行，人骇异。俗谓禄山、思明为'二圣'，弘靖惩始乱，欲变其俗，乃发墓毁棺，众滋不悦"。

始就以推翻汉民族的唐王朝、实现异民族统治为目标而起义什么的，这是不可能的。清水泰次在《论安禄山谋反》这篇文章（《史观》第四号，1933年）中有如下论述：

　　如果安禄山从一开始就积蓄异志，进入京城探听局势以便起兵，那他就不是一般人所说的"奸佞邪智"，而不得不说是"远谋深虑"了——但这只是对他虚高的评价。到底还是"奸佞邪智"比较适合，毕竟那只不过是为了尽力讨好玄宗皇帝而施展的奸智罢了。如果安禄山从一开始就有计划地谋反，他不可能把自己的儿子安庆宗（安庆绪之兄）留在都城长安。另外，如果是因为安庆宗与公主有姻而不能将他带出来，说明他早就打算把安庆宗当作牺牲品，既然如此，安庆宗被杀时，他就不应当那样震惊。然而，当他在军中听到安庆宗被杀的消息时，却怵哭道："我何罪，而杀我子！"[1]因此怒火中烧，此时正好攻下陈留，他便将此地投降的一万多人都虐杀了。由此看安禄山的反叛意图的话，他一开始是只顾着依仗玄宗皇帝之宠爱的，直到发生了改变天下形势的大事：宰相李林甫死后杨国忠取而代之。也就是说，安禄山没有与李林甫相争的必要，但与杨国忠却势不两立。这是因为杨国忠是杨贵妃的从祖兄长，两人互相争

----

　　[1] 见《资治通鉴》卷二一七《唐纪三十三》"玄宗天宝十四载（755）"。

权夺势，最后杨国忠为了陷害安禄山，便大肆宣扬安禄
山谋反的消息。

这是认为安禄山的谋反并非一开始就有深谋远虑的一种
见解。中国的杨志玖在解释"安史之乱"（《中国大百科全
书》中国历史I）时，是这样论述的："玄宗统治后期，政治
败坏，中央军备空虚，天宝元年，全国兵数为57.4万，边兵
竟占49万。安禄山即在此外重内轻、尾大不掉的局面下起兵
叛唐。"[1]"尾大不掉"指的是部下的势力强于上级，无法指
挥调度。

胡如雷在同书"唐'安史之乱'"条（《中国大百科全
书》中国历史II），对于这次叛乱做了如下总结：

安史之乱是唐朝中央政权与地方割据势力之间的一
场统治集团内部的斗争。这次事件对社会、政治产生了
巨大的影响，是唐王朝由统一集权走向分裂割据的转折
点，（中略）是唐王朝对周边各族由"主动进攻"走向
"被动挨打"的转折点。以此为标志，唐朝的历史分为前
后两个截然不同的时期。

---

[1] 中国大百科全书总编辑委员会《中国历史》编辑委员会编，
《中国大百科全书》中国历史I、II、III，中国大百科全书出版社，
1992年。著者引用此段文字时，语序有所颠倒，今照原文录出。

围绕"安史之乱",政治局势发生了从"主动进攻"(汉民族压迫异民族)到"被动挨打"(汉民族被异民族压迫)的方向转变。

确实,安史之乱的平定大大借助了周边各民族的力量。肃宗与前往蜀地的玄宗分别后,作为根据地举行即位仪式的地方,也就是现在宁夏回族自治区的灵武县。

他在此请求回纥和于阗之外的西域诸民族的援兵,从而在第二年收复了长安和洛阳。郭子仪、李光弼等将军也与河西(甘肃省武威)、北庭(新疆维吾尔自治区方面)、安西(新疆库车)等节度使的军队联合行动。另外,随着这些地区的兵力向东移动,一直以来被唐朝封锁的吐蕃的势力逐渐复苏,压迫唐军的盟友回纥,之后,唐朝遭到了吐蕃的进攻。

安史之乱的情形也被当时的日本详细地记录了下来。那是出使渤海国的使臣带来的消息。《续日本纪》卷二十一"淳仁天皇天平宝字二年(758)十二月"有如下记载:

> 戊申,遣渤海使小野朝臣田守等奏唐国消息曰:"天宝十四载,岁次乙未十一月九日,御史大夫兼范阳节度使安禄山反,举兵作乱,自称大燕圣武皇帝,改范阳作灵武郡,其宅为潜龙宫,年号圣武。留其子安卿绪,知范阳郡事,自将精兵廿余万骑,启行南往。十二月,直入洛阳,署置百官。天子遣安西节度使哥舒翰,将卅万众,守潼津关,使大将军封常清,将十五万众,别围洛

阳。天宝十五载,禄山遣将军孙孝哲等,帅二万骑攻潼
津关。哥舒翰坏潼津岸,以坠黄河,绝其通路而还。孝
哲凿山开路,引兵入至于新丰。六月六日,天子逊于剑
南。七月甲子,皇太子玙即皇帝位于灵武郡都督府,改
元为至德元载。己卯,天子至于益州。平卢留后事徐归
道,遣果毅都尉行柳城县兼四府经略判官张元涧,来聘
渤海,且征兵马曰:'今载十月,当击禄山。王须发骑四
万,来援平贼。'渤海疑其有异心,且留未归。十二月丙
午,徐归道果鸩刘正臣于北平,潜通禄山。幽州节度使
史思明谋击天子。安东都护王玄志仍知其谋,帅精兵六
千余人,打破柳城,斩徐归道,自称权知平卢节度,进
镇北平。至德三载四月,王玄志遣将军王进义,来聘渤
海,且通国故曰:'天子归于西京,迎太上天皇于蜀,居
于别宫,弥灭贼徒。故遣下臣来告命矣。'渤海王为其事
难信,且留进义,遣使详问。行人未至,事未可知。其
唐王赐渤海国王敕书一卷,亦副状进。"[1]

这里记载了安禄山起兵、潼关破哥舒翰、玄宗逃往剑南、
肃宗登基、收复西京迎玄宗(太上皇)[2]出蜀等事件,但没有

----

[1] 据 [日] 黑板胜美编《新订增补国史大系》第二卷《续日本
纪》原文标点录出(吉川弘文馆刊行,1966年),下同。其中"安卿
绪"一词,该点校本出校曰"'卿',《唐书·安禄山传》作
'庆'",无改字。著者引用时亦无改字,今从之。

[2] 著者原文为"太上天皇",今按中文习惯译为"太上皇"。

提及杨贵妃之死。另外，由于情报混乱，当时安禄山已被安庆绪所杀，这个消息他们也不知道。在这种情况下，渤海王还是派遣了行人（使者）前往长安，努力了解现状，但这位使者尚未归国。

这则消息上奏的时间是天平宝字二年十二月，也就是唐肃宗乾元元年（上奏中为至德三载四月，但其年二月已经改元），正好是玄宗从蜀地返回长安的同一年，这则概要作为当时事件的实时记录得到流传。日本朝廷的反应，在《续日本纪》这条上奏的下一节中有如下记载：

> 于是，敕大宰府曰："安禄山者，是狂胡狡竖也。违天起逆，事必不利。疑是不能计西，还更掠于海东。古人曰：'蜂虿犹毒，何况人乎？'其府帅船王，及大贰吉备朝臣真备，具是硕学，名显当代，简在朕心，委以重任。宜知此状，预设奇谋。纵使不来，储备无悔。其所谋上策，及应备杂事，一一具录报来。"

日本朝廷十分害怕安禄山谋反失败后会调转兵锋来打劫"海东"，因此加强了警戒。要求当时的大宰大贰吉备真备等人提出海防政策。

第六章
长恨歌的世界

玄宗的晚年

玄宗，也就是上皇，对潦草埋葬在马嵬坡土下的杨贵妃十分哀怜。《新唐书·后妃传》记载：

> 帝至自蜀，道过其所，使祭之，且诏改葬。

因此，他在从蜀地回来的途中，在道旁做了小小的祭奠。《旧唐书》[①]的记述是：

> 上皇自蜀还，令中使祭奠，诏令改葬。

认为玄宗是返回都城后，派人前去祭奠的。不过，暂且不说

---

① 见《旧唐书》卷五十一《后妃上》。

祭祀慰灵之事，就迁葬一事，有人便提出了反对意见。《旧唐书》接下来就记录了礼部侍郎李揆的看法：

> 龙武将士诛国忠，以其负国兆乱。今改葬故妃，恐将士疑惧，葬礼未可行。

因为如果在此时进行恢复杨国忠和杨贵妃名誉之类的事情，当初参与处决他们的近卫军中恐怕会再次出现动荡。为此上皇尽管下达了诏令但最终并未付诸实践。

然而，上皇还是暗中贯彻了这个意志，决定改葬。《旧唐书》如是写道：

> 上皇密令中使改葬于他所。初瘗时以紫褥裹之，肌肤已坏，而香囊仍在。内官以献，上皇视之凄惋，乃令图其形于别殿，朝夕视之。

所谓中使，就是秘密敕使。因为是改葬别处，所以没有记载具体地点。最初卜葬时裹尸的紫褥已经朽败，皮肤也腐坏了，只有盛香的袋子还是原来的样子。内官，也就是侍奉在上皇身边的宦官，恭恭敬敬地献上这只香囊时，上皇面容凄惋地凝视着它，陷入了沉思。此外，他还命画工画出贵妃生前的姿容形貌，置于殿中，朝夕相见，涕泣不已。相传这位画工的名字是王文郁。

据《杨太真外传》记载，由于李辅国等重臣反对、李揆
上奏，肃宗也中止了迁葬。不过，上皇秘密进行移葬的过程
仍有如下详细的描述：

> 上皇密令中官潜移葬之于他所。妃之初瘗，以紫褥
> 裹之。及移葬，肌肤已消释矣。胸前犹有锦香囊在焉。
> 中官葬毕以献，上皇置之怀袖。又令画工写妃形于别殿，
> 朝夕视之而歔欷焉。

写到锦香囊就在已化为白骨的贵妃胸前。画工所绘的画
像没有流传下来。

关于玄宗的晚年，《旧唐书》是这样书写的：

> 三载二月，肃宗与群臣奉上皇尊号曰太上至道圣皇
> 帝。乾元三年七月丁未，移幸西内之甘露殿。时阉宦李
> 辅国离间肃宗，故移居西内。高力士、陈玄礼等迁谪，
> 上皇浸不自怿。上元二年四月甲寅，崩于神龙殿，时年
> 七十八。[1]

从蜀郡回来之后，玄宗就立即住进了自己钟爱的兴庆
宫，也就是南内。一直以来都是玄宗近侍、还陪同他前往蜀

---

[1] 见《旧唐书》卷九《玄宗下》。其年为至德三载（758），二月
改元乾元。

地同甘共苦的宦官高力士以及侍卫将军陈玄礼，始终侍奉
在上皇左右。身在大明宫，也就是东内的肃宗，也不时前
来安慰上皇。

但是，肃宗手下掌权的宦官李辅国却对玄宗一派的旧
势力抱有敌意。对同为宦官的高力士也充满憎恶。虽然已
经成为上皇，但玄宗在宫中上下仍颇有威望。肃宗的人望
从而蒙上了阴影。李辅国策划离间了肃宗派（即东内派）
和上皇派（即南内派）的关系。肃宗也逐渐对上皇产生了
反感情绪。

上元元年（760）七月，李辅国假借肃宗之诏，突然将上
皇从南内迁至西内，也就是太极宫的甘露殿。在这里，他与
外界断绝了联系，被软禁起来。接着高力士和陈玄礼也获罪
被贬谪流放。失去权力又远离亲信，上皇心中一片黯淡。上
元三年（762）四月，玄宗在西内神龙殿去世，享年七十八
岁。距离回驾长安已经过了四年零三个月。虽然他的一生波
澜壮阔，但晚年却是寂寞的。继玄宗之后，肃宗也于当月在
大明宫的长生殿去世，享年五十二岁。他的死亡只比父皇晚
了十多天。除了肃宗派和上皇派的对立，肃宗身边还有李辅
国与张后的争斗等多种事端，这是积劳成疾的结果。

然而这时，安禄山之乱（安史之乱）尚未完全结束。杀

死父亲的安庆绪被广平王①的军队追赶，弃洛阳而北逃，之后占据邺郡，也就是现在的河南安阳。此时，安禄山举兵以来的盟友史思明抛弃了安庆绪，向官军提出归顺。到了乾元二年（759），以郭子仪为首的九镇节度使联军向邺城发动猛攻，安庆绪也感到了危险，先前暂且归顺的史思明此刻正率军前来救援。为此，官军不得不解除包围，撤出邺城。

但是，史思明虽然救出了安庆绪，却不愿屈居这个昏聩的男人之下，反而痛斥他的弑父之罪，将他处死。之后，史思明整合安庆绪的队伍，回到范阳自立为"应天皇帝"，国号"大燕"，改范阳为"燕京"。这正是玄宗返回长安，在南内对着杨贵妃画像哭泣的时候发生的事。上元元年九月②，史思明出范阳攻入河南，击败官军李光弼的军队，夺回了洛阳。

不过，如前所述，史思明不久就被自己的儿子史朝义所杀。朝义是思明的长子。不同于安庆绪的愚笨，他深得部下爱戴。但是思明更喜欢宠妃生的儿子朝清，派他驻守范阳。他计划着有朝一日让朝义亡故，改立朝清为太子。朝义在感觉到危险的同时，也对父亲怀恨在心。一名部将察觉到朝义

---

① 广平王，即后来的唐代宗李豫，初名俶，肃宗长子，乾元元年（758）被册立为皇太子。

② 原文作"七六〇年九月"，即肃宗上元元年九月，乾元三年闰四月改元。

的苦恼，有一天便将思明袭击并缢杀于洛阳郊外。上元二年
（761）三月，朝义即帝位，接着攻入范阳①，杀死了朝清和他
的母亲辛氏。此后，史朝义曾短暂坚守洛阳，但不久，官军
借助回纥兵的力量攻下洛阳，史朝义被迫北奔。这是宝应元
年（762）十月的事。

北逃的史朝义遭遇了部将们的背叛，不知不觉又无可奈
何地陷入了独自逃亡的悲惨命运。宝应二年（763）正月，他
在河北省卢龙县一个叫温泉栅的地方，于附近的树林里自缢
而亡。

就这样，这场舞台上的所有演员全都被杀死了，历时九
年的安禄山和史思明制造的"安史之乱"落下帷幕。然而，
玄宗和肃宗都在前一年相继去世，没能亲眼见证这一天。回
驾长安直至离世的这段时间里，玄宗对于这些在中国的土地
上如此纠缠不休的叛贼的暴行作何感想，我们不得而知。恐
怕那时他的内心填满了忧愁，对世间的动向很少有反应吧。
《长恨歌》是这样描述他晚年生活的：

> 归来池苑皆依旧，太液芙蓉未央柳。
> 芙蓉如面柳如眉，对此如何不泪垂。

----

① 据《资治通鉴》卷二二二《唐纪三十八》"肃宗上元二年
（761）"："（朝义）密使人至范阳，敕散骑常侍张通儒等杀朝清及
朝清母辛氏并不附己者数十人。"则史朝义应是派人去范阳而非自己
攻入范阳。

> 春风桃李花开夜，秋雨梧桐叶落时。
>
> 西宫南苑多秋草，落叶满阶红不扫。
>
> 梨园弟子白发新，椒房阿监青娥老。
>
> 夕殿萤飞思悄然，孤灯挑尽未成眠。
>
> 迟迟钟鼓初长夜，耿耿星河欲曙天。
>
> 鸳鸯瓦冷霜华重，翡翠衾寒谁与共。
>
> 悠悠生死别经年，魂魄不曾来入梦。

上皇居住的南内既没有太液池，也没有未央宫。大明宫里倒是有太液池，但这里指的肯定不是它。《长恨歌》的叙述中通常把玄宗比作"汉皇"，也就是汉武帝，所以两处地名都源于汉朝的宫殿。《三辅黄图》中"池沼"条便说：

> 太液池，在长安故城西，建章宫北，未央宫西南。[1]

诗中实际上描绘的是兴庆宫内的风景。

"西宫"即西内太极宫，"南苑"即曲江池畔的芙蓉园。也有版本作"南内"，"南内"就是"兴庆宫"。诗中指称用的是方位而不是固有名词。"梨园弟子"是向玄宗学习乐舞的乐人们。"椒房"是皇后的寝宫，为了驱除邪气，保持温热，兼取山椒多实之意而祈求子嗣绵延，因此在墙壁涂上了山椒。

---

[1] 何清谷校释《三辅黄图校释》卷四《池沼·太液池》，中华书局，2005年。

"阿监"指掌事女官,"青娥"指年轻美丽的女性。"钟鼓"是用来报时的钟和太鼓。其诗大意如下:

> 回来一看,池塘和宫苑都是原来的光景,太液池中的莲花和未央宫里的柳树也没有变化。
>
> 莲花如同贵妃的容颜,柳叶仿若贵妃的眉眼。面对此情此景,如何不伤心垂泪?
>
> 春风吹拂、桃李花开的夜晚也好,秋雨飘洒、梧桐叶落的时节也好,天子思念起贵妃,总是伤心欲绝。
>
> 西边的御殿和南边宫苑,秋草萋萋,落叶铺满了台阶,红叶也不见人打扫。
>
> 昔日跟随天子学习乐舞的梨园弟子如今也已白发苍苍,皇后椒房里曾经年轻貌美的掌事女官如今也全都衰老了。
>
> 看到傍晚的宫殿里流萤飞舞,玄宗便悄然沉入怀念,点燃孤寂的灯火,即使燃尽也无法入睡。
>
> 报时的钟声和鼓声似乎越来越遥远,开始觉得夜晚是如此漫长,银河微明,天就快要亮了。
>
> 雕刻着鸳鸯图案的瓦片一片冰凉,霜华重生,铺绣着翡翠花纹的锦被寒冷刺骨,没有人与君王同眠。
>
> 阴阳相隔已逾悠悠数年,贵妃的魂魄却从未在天子的梦中出现。

《杨太真外传》记载玄宗在南内,曾于夜深人静时登上勤政楼，凭栏眺望南方天空。映入眼帘的只有夜雾和月光。于是他感慨万千，歌诗曰：

　　　　庭前琪树已堪攀，塞外征人殊未还①。

"琪树"和"玉树"同义，意为"玉石做成的树""美丽的树"。庭院里种植的俊秀的树木已经长成了可以任人攀爬的样子，而被派去镇守边关的将士却还没有回来。

虽然写的是焦急等待丈夫归来的思妇的哀叹，但也寄托了对前往黄泉之国的杨贵妃的思慕之情。

一曲终了，街坊中隐约传来应答此曲的歌声。"他怕不是梨园中的旧人吧？天亮以后把他带来。"玄宗说着让高力士去查访，果然是梨园弟子。

下面的故事也在《杨太真外传》中有记载：

　　　　至德年间行幸华清宫。随从的仆役和女官们都换了人，与当年陪同杨贵妃出行时仪仗热闹的场面完全不同。玄宗在望京楼让乐人演奏了《雨霖铃》曲。这首曲子是玄宗行幸蜀地时，在栈道上听到雨滴与銮铃交织的声音，

----

① 这两句出自隋代卢思道的《从军行》："庭中奇树已堪攀，塞外征人殊未还。"《杨太真外传》载作"上因自歌曰"。《明皇杂录》同载此事，并言"盖卢思道之词也"，见［唐］郑处诲撰、田廷柱点校《明皇杂录》，中华书局，1994年。

思念起死于马嵬的贵妃而作的。①

这首《雨霖铃》奏到一半的时候，玄宗环视四周，心下凄凉，不由得落下了眼泪。随从的人知道之后，也都为之伤感。

上述故事在《明皇杂录》中有如下记载：

> 帝幸蜀，南入斜谷。属霖雨弥旬，于栈道雨中，闻铃声与山相应。帝既悼念贵妃，因采其声为《雨淋铃曲》，以寄恨焉。时独梨园善觱篥乐工张徽从至蜀，帝以其曲授之。
>
> 洎至德中，复幸华清宫，从官嫔御皆非旧人。帝于望京楼命张徽奏此曲，不觉凄怆流涕。其曲后入法部。②

---

① 《杨太真外传》："又至斜谷口，属霖雨涉旬，于栈道雨中闻铃声隔山相应。上既悼念贵妃，因采其声为《雨霖铃曲》，以寄恨焉。"又"至德中，复幸华清宫，从官嫔御，多非旧人。上于望京楼下，命张野狐奏《雨霖铃曲》，曲半，上四顾凄凉，不觉流涕，左右亦为感伤。"

② 此段文字今可见最早出处为宋郭茂倩所编《乐府诗集》（〔宋〕郭茂倩编《乐府诗集》，中华书局，1979年）。郭书卷八十《近代曲辞二》中唐张祜《雨霖铃》解题引"《明皇别录》曰"，内容与此同，唯用字略有差异。如"雨淋铃"，《乐府诗集》本作"雨霖铃"；"张徽奏此曲"，《乐府诗集》本作"张徽奏《雨霖铃曲》"。本译稿文字依著者。〔唐〕郑处诲撰、田廷柱点校《明皇杂录·补遗》亦收《雨霖铃曲》一篇，并载此事，只是文字出入较大，尤以"张徽"为"张野狐"，可备读者查检。

"觱篥"是从西域龟兹国传入中国的一种竹制的管乐器。而且,据说这首曲子后来被编入了宫中的乐部。

唐朝诗人张祜根据这个故事以《雨淋铃》为题作了一首七言绝句:

> 雨淋铃夜却归秦,犹是张徽一曲新。
>
> 长说上皇垂泪教,月明南内更无人。

"秦"指的是长安一带。这里指的是长安城。诗的大意如下:

> 雨淅淅沥沥下个不停,和銮铃声交会在西行蜀地的夜里,天子根据这个印象谱写了这首悲曲,终于,他回到了长安。天子行幸了这座过去与杨贵妃一起过着日日游宴生活的骊山温泉宫,又命乐师张徽为他演奏了这首曲子。如今它勾起了一种更为清晰的新生的悲痛。张徽常对人说,"天子潸然泪下,教授了我这支曲子"。月色皎洁的夜晚,只有流光照耀着天子独自居住的南内宫殿,昔日陪伴的人已经一个也不在了。

比翼连理之誓

玄宗直到临终之前都还想依靠方士用方术为死去的杨贵

妃招魂，这个故事不论在陈鸿的《长恨歌传》、白乐天的《长恨歌》，还是宋代乐史的《杨太真外传》中，都成为了装点在作品最后的、最动人心弦的部分。

清代史学家兼诗人赵翼在《瓯北诗话》中却否定此故事。该书认为，当时玄宗被幽禁在西内，与外界的交通受到李辅国的严密监视，方士不可能来访。

不过，居住南内的时候他没有受到任何约束，出入也很自由，就算传召方士进来也不奇怪吧。中唐诗人李益的《过马嵬》一诗这样写道：

南内真人悲帐殿，东溟方士问蓬莱。

"南内真人"指的就是玄宗。也就是说，作为悲叹的玄宗的代表，从东海来的方士前往仙山所在的蓬莱拜访杨贵妃。因为玄宗原本就对道教保有深厚的兴趣，所以向方士询问"招魂"之类的事情是十分有可能的。只是其结果是否会呈现出《长恨歌》中那样宏大的史诗场景则不能保证。

接下来将顺次录下《长恨歌》中的一节：

临邛道士鸿都客，能以精诚致魂魄。
为感君王辗转思，遂教方士殷勤觅。
排空驭气奔如电，升天入地求之遍。
上穷碧落下黄泉，两处茫茫皆不见。

大意如下:

都城鸿都门边,来了一位蜀郡临邛的方士。据说他诚心诚意地祈祷就能招来死者的魂魄。

方士很同情天子因为思念贵妃每夜辗转反侧、难以入眠,于是奉天子之命,尽力寻找贵妃的魂魄。

方士腾空而起,乘云驾雾,奔走如电,上天入地,四处求访。

他的寻访上至苍天的尽头,下达黄泉的边界,但天地茫茫,所寻不得。

"临邛"是四川省成都西南的一处地名。"鸿都客"或许是个人名。这里是指寄居在鸿都门附近的方士①。在《杨太真外传》中,这位方士名叫"杨通幽",是"来往幽冥界"的意思。《长恨歌传》说:

三载一意,其念不衰。求之梦魂,杳不能得。适有道士自蜀来,知上皇心念杨妃如是,自言有李少君之术。玄宗大喜,命致其神。

只有《杨太真外传》记录了方士的名字,但他们说的话

---

① 鸿都门:东汉都城洛阳的宫门名,这里借指长安。

是一样的。

"三载一意"是"三年间都一心一意"的意思。"上"是"天子",这里是指玄宗。"李少君之术",据说指的是为汉武帝招来李夫人魂魄的方士李少翁的方术。以《汉书·外戚传》为首的诸书中都有相关记载。

> 忽闻海上有仙山,山在虚无缥缈间。
> 楼阁玲珑五云起,其中绰约多仙子。
> 中有一人字太真,雪肤花貌参差是。
> 金阙西厢叩玉扃,转教小玉报双成。
> 闻道汉家天子使,九华帐里梦魂惊。
> 揽衣推枕起徘徊,珠箔银屏迤逦开。
> 云鬓半偏新睡觉,花冠不整下堂来。
> 风吹仙袂飘飘举,犹似霓裳羽衣舞。
> 玉容寂寞泪阑干,梨花一枝春带雨。

大意如下:

> 就在这时,忽然听说海上有座仙人居住的山,那座山在非常遥远的地方,飘飘渺渺。
> 仙山上的高阁像玉一样精美,五色云彩傍起翻腾,里面轻盈柔美的仙女不可胜数。
> 其中有一位名叫太真的仙女,肌肤如雪,娇颜如花,仿佛就是贵妃的模样。

于是方士来访仙山，走过金殿西厢，叩响玉石雕砌的院门，请求侍女小玉向侍从双成通报。

听说是唐朝天子的使者，睡在花帐里的贵妃慌忙从梦中惊醒。

她急忙穿上衣服，推开枕头站了起来，短暂徘徊了一会儿才打开珠帘和银屏现身。

美丽如云的发髻半垂着，梦中初醒的样子，连花冠都来不及整理就匆忙地走出厅堂。

仙风吹拂着衣袂微微飘动，宛如霓裳羽衣之舞。

然而，她如玉的面庞一片寂寞，泪水长流，犹如春雨里一枝沾湿的梨花。

传说东海中有蓬莱、方丈、瀛洲三座神山，因《史记·秦始皇本纪》中徐福的故事而闻名。"楼阁"即高殿，《杨太真外传》中说上面挂着"玉妃太真院"的匾额。"字太真"，是因为再次来到与道教相关的仙界，所以抛弃俗名，回到女道士时期的太真。称"汉家天子使"，则借用了汉武帝的典故来讲述这个故事。乌黑的长发半垂着，睡醒后匆忙出现的一幕，戏剧又香艳。

"梨花一枝带春雨"，以梨花在春日细雨中浸染润湿的状态来形容玉颜凄婉，静默流泪的样子，是《长恨歌》中的名句之一。清少纳言在《枕草子》第三十四段《树花》中写道，虽然梨花没有什么特别的情趣，但一看到这句诗，就会觉得这到底还是相当不错的花呢。将原文录如下：

梨花，世人往往视作凄凉哀艳之花，无人赏爱，亦
无人用以系结信笺，见着无甚魅力的女子，便以为比拟，
盖以色泽乏善可陈之故；唐土却以为无上可人之物，竟
以之入诗文，则或者总还是有些道理的罢？乃仔细端详
之下，隐约可见，花瓣边缘似有一圈高贵美丽的颜色。
杨贵妃在蓬莱仙宫会见玄宗皇帝御使，有诗句喻其泪容
曰："梨花一枝带春雨"，想来必非泛泛一般之赞美，则
此花大概自有其无可类比之处才是。①

> 含情凝睇谢君王，一别音容两渺茫。
> 昭阳殿里恩爱绝，蓬莱宫中日月长。
> 回头下望人寰处，不见长安见尘雾。
> 唯将旧物表深情，钿合金钗寄将去。
> 钗留一股合一扇，钗擘黄金合分钿。
> 但令心似金钿坚，天上人间会相见。

大意如下：

贵妃深情凝目，给天子行礼拜谢："诀别之后，再也
听不到您的声音，见不到您的身影。

---

① 此据林文月译《枕草子》。见该书第四十四章《树花》，译林
出版社，2021年。

昭阳殿里您的宠爱早已隔断，在蓬莱宫中，也已经度过了漫长的岁月。

回首下望人世间，看不到长安，只能看见茫茫尘雾弥漫。

如今只有用当年的信物来表达我的深情，请将这钿盒金钗一并带去。

金钗留下一股，钿盒留下一半，金钗劈开黄金，钿盒分了螺钿。

只要我们能像黄金和螺钿一样忠贞不渝，即使相隔天上人间，也总有一天会再相见的。"

"昭阳殿"里住着的是汉成帝的爱妃赵飞燕。这里把杨贵妃比作了赵飞燕。言"天上人间"，与"天上"相对的是"人间"，也就是地上的世界，是没有仙人的普通人的世界。

至此，方士终于要告别仙界的杨贵妃，回到玄宗身边了。杨贵妃怀着百感交集的心情述说了这番临别话语，并委托使者带给天子。

临别殷勤重寄词，词中有誓两心知。
七月七日长生殿，夜半无人私语时：
在天愿作比翼鸟，在地愿为连理枝。
天长地久有时尽，此恨绵绵无尽期！

（大意）方士正要离去时，贵妃又小心翼翼地再三嘱托，其中的誓言只有她和玄宗两人知晓。

是那一年七月七日在长生殿中，夜半无人的时候悄声交换的爱情誓约：

"在天上愿化作比翼鸟，在地上愿结为连理枝。"

都说地久天长，可也总有穷尽的时候。但是只有这生死遗恨是永远无法消散的啊！

"七月七日"指的是七夕。宫中的宫女们也会兴高采烈地举行活动。"长生殿"位于华清宫中，建于天宝元年（742），又称作"集仙殿"，是祭祀神灵的地方。以《老子》中"长生久视"之语命名。"比翼连理"的四字成语，比喻夫妻情深义重。"天长地久"也出自《老子》。"此恨"指的是玄宗与杨贵妃死别的遗憾。"无尽期"在有的版本中作"无绝期"。在这里表示"无休无止"。交换誓言的场景在《杨太真外传》中有如下记载：

玉妃①徐而言曰："昔天宝十载，侍辇避暑骊山宫。秋七月，牵牛织女相见之夕，上凭肩而望。因仰天感牛女事，密相誓心：'愿世世为夫妇。'言毕，执手各呜咽。此独君王知之耳。"因悲曰："由此一念，又不得居此，复堕下界，且结后缘。或为天，或为人，决再相见，好合如旧。"因言："太上皇亦不久人间，幸唯自爱，无自

①《杨太真外传》"玉妃"下尚有"茫然退立，若有所思"之句。

苦耳。"

玉妃（杨贵妃）在这里说了三段话。

第一：天宝十载，陪侍玄宗前往华清宫避暑。七夕之夜，玄宗倚杨贵妃肩仰天长望，对牛郎织女的故事感慨不已，向玉妃发誓"生生世世都要结为夫妻"。两人执手对泣，这是只有他们知道的秘密。

第二："因为有这样的执念，我无法再待在这仙界了，期盼下界与玄宗陛下再结情缘。天界也好人间也罢，一定要相见，成为像以前一样和美的夫妻。"

第三："太上皇也将不久于人世了，但请善自珍重，祈愿毋有烦忧。"

至此，玄宗皇帝和杨贵妃的故事，褪去了皇帝和贵妃的上下身份，变成了平等的男女之间燃起的激烈爱情火花、誓约永恒之故事。陈鸿在其《长恨歌传》的结尾说明白乐天创作《长恨歌》的动机：

> 意者不但感其事，亦欲惩尤物，窒乱阶，垂于将来者也。

认为并不只有对玄宗·杨贵妃故事的感动，还有追究美人的罪过、确保身份秩序不混乱并警示后人之目的。"尤物"是"珍贵的物品""美人"的意思，这里指的是杨贵妃。有句话叫"尤物惑人",美人确有令人昏惑的特点。在这里指玄宗因杨贵妃而迷乱以至大祸临头。

另外,《杨太真外传》在结尾处也有"史臣曰"一节,最后写道:

> 今为外传,非徒拾杨妃之故事,且惩祸阶而已。

"祸阶"指的是起祸的缘由。

他们都声称将写作的动机落在"鉴戒"上,但其本意并非如此,那不过是忌惮世俗的权宜说辞。

玄宗和杨贵妃两人的愿望还是落空了,他们在阴间也没能结成夫妻。

玄宗墓是"唐十八陵"之一,位于陕西省蒲城县东北方向的金粟山。墓表上刻有"唐元宗泰陵"的字样。元宗即"玄宗"。陪葬在侧的不是杨贵妃,而是玄宗的忠实的亲信——宦官高力士。

杨贵妃墓冢仍然在她的被杀之地——马嵬镇的路旁。近年来年年整修(成为观光地),已经失去了旧时的面貌,特此转载昭和八年(1933)刊行的足立喜六的《长安史迹研究》①

---

① 《长安史迹研究》现有两个译本:王双怀、淡懿诚、贾云译《长安史迹研究》,三秦出版社,2003年;杨鍊译,商务印书馆,民国24年(1935)。这里参酌两家译文。

（东洋文库）中的一篇文章。

杨贵妃之墓

在马嵬驿的西郊，即扶风街道的右（北）侧，有一通书有"唐杨贵妃墓"的小碑。由此登上数十尺长的石阶，有一座一丈多高的土冢。冢前有毕沅所立石碑，上书"唐元（玄）宗贵妃杨氏墓"。冢的周围绕着土墙，内有老柏数株。冢前有一座祠堂，居住着二三位奉祠的佣妇。堂壁上刻写着许多唐宋名士凭吊杨贵妃的诗词，明清诸家题诗表达哀悯者亦复不少。

毕沅是清末学者的名字。坟冢高约"丈余"（3.3米多），现在全部用土坯烧制的砖包砌。有传闻说用墓上的土洗脸就能变成美人，因此如果放任不管，大量的墓土都会被人拿走。作为玄宗和杨贵妃的罗曼史的舞台——华清宫，之后又如何了呢？

两人华丽宏伟的仪驾频繁来访的时候，离宫周边的村落也热闹起来。因为除了宫人和仆役来来往往，许多看客也蜂拥而至，他们都想一睹皇帝和贵妃在此展开的奢华生活。无利不往的商人们在殿前熙熙攘攘的人群中，吵嚷着兜售商品、招揽客人。

虽然安史之乱平定后玄宗回到了长安，但是成为太上皇的他几乎没有再来过此地。之后的天子也不再行幸，到唐末华清宫已然近乎废墟。唐朝灭亡，到了五代，华清宫变成了道教的寺院"道观"，被道士们占用了。

现在的建筑物是清代乾隆以后重建的。这里再次受到关注是在1936年12月发生"西安事变"之时。当时，国民政府的领导者蒋介石正居住在华清池，遭到东北军总司令张学良的袭击，被逮捕监禁。这篇报道震惊了世界。现在的华清池还原样保存着蒋介石下榻的"五间厅"，窗户上还清晰地留有事变发生时的弹痕。

第七章

余闻·遗事

杨贵妃之死

史书的记载如下。

《旧唐书·玄宗本纪》：

> 上即命力士赐贵妃自尽。

《旧唐书·后妃传》：

> 力士复奏，帝不获已，与妃诀，遂缢死于佛室。时
> 年三十八，瘗于驿西道侧。

《新唐书·玄宗本纪》：

> 赐贵妃杨氏死。

方士来到热田之图（尾张名胜图册）

《新唐书·后妃传》:

> 帝不得已，与妃诀，引而去，缢路祠下，裹尸以紫
> 茵，瘗道侧，年三十八。

《资治通鉴》"肃宗至德元载（756）"条:

> 上乃命力士引贵妃于佛堂，缢杀之。舆尸置驿庭，
> 召玄礼等入视之。

从这些记载来看，除《新唐书》外，其余都和高力士相
关。尽管死的方式有"赐自尽""缢死""赐死""缢""缢杀"
等区别，但大致可以确定为"缢死"。

至于场所，《旧唐书·后妃传》言"佛室"，《新唐书·后
妃传》作"路祠"，《资治通鉴》记为"佛堂"，可以想象是路
边的小佛堂，或者是像祠社的地方。

唐李肇《唐国史补》:

> 命力士①缢贵妃于佛堂前梨树下。

---

① 《唐国史补》卷上《百钱玩锦鞔》作"高力士"，见［唐］李
肇撰，聂清风校注《唐国史补校注》，中华书局，2021年。

"佛堂"前新长了一棵"梨树",看来是化用了《长恨歌》中"梨花一枝春带雨"之句。

小说、传奇等书中是这样记述的。

《长恨歌传》:

> 上知不免,而不忍见其死,反袂掩面,使牵之而去。仓皇展转,竟就死于尺组之下。

"仓皇展转"就是"慌乱不安"的意思。"尺组"是指官吏系带的短绳。这里虽然没有记录地点,但缢杀的方式出现了"尺组"。这是高力士的持物,大概就是用它缢杀的贵妃吧。

《杨太真外传》:

> 使力士赐死。妃泣涕呜咽,语不胜情,乃曰:"愿大家好住。妾诚负国恩,死无恨矣,乞容礼佛。"帝曰:"愿妃子善地受生。"力士遂缢于佛堂前之梨树下。才绝,而南方进荔枝至,上睹之,长号数息,使力士曰:"与我祭之。"

到了《外传》,内容突然变得很详细,加入了临死之前玄宗与杨贵妃的对话。"大家"是近侍称呼"天子"的用语。

"好住"与"健在"意同，是表示"珍重"的嘱托。

杨贵妃潸然泪下，对玄宗说："陛下，请您善自珍重，我辜负了您的恩情，死了也不怨恨。只是希望能容许我临终礼佛。"玄宗也回答道："妃子，愿你能投生善地。"然后，高力士在佛堂前的梨树下缢杀了她。

《外传》中还加了一段描写，恰好在贵妃气绝之后，南边送来了贵妃喜爱的荔枝，看到荔枝，玄宗愈加叹惋心伤。

《外传》中还记载了这样一个故事，在此之前，有个叫李遐周的道士写了一首诗：

> 燕市人皆去，函关马不归。
>
> 若逢山下鬼，环上系罗巾。

"燕市人皆去"指的是安禄山率范阳兵士蜂拥而来，"函关马不归"是指哥舒翰败于潼关，"逢山下鬼"是指"嵬"字，即马嵬驿。"环上系罗巾"是指高力士用罗巾（薄绢手巾）杀死了玉环（贵妃）——一切都是被预言的。

在这里变成高力士用"罗巾"缢杀了贵妃。

此外，在接下来的一段记载中写道，安禄山得知杨贵妃死讯后，想起她生前一起在玄宗面前亲密谈笑的情景，悲叹了好几天①。究竟马嵬坡的道旁是否有合适的佛堂，贵妃死前和玄宗如何盟誓，怎样话别，她是死在佛堂内还是佛堂外，是否有梨树，树下的行刑者是高力士吗，还是受他指令的其他内侍呢？由于内侍的力气弱小，所以她苏醒过来到了日本——这种说法就成为了下文要提到的"贵妃渡日说"的根据。但是，新、旧《唐书》的《高力士传》都对马嵬事变只字未提，只记载了"玄宗幸蜀""力士从幸成都，进封齐国公"。

至于是"缢杀"还是"缢死"，大野实之助博士在《杨贵妃》②一书中这样写道：

> 关于杨贵妃的最终结局，说法有二：或曰"缢杀"，或曰"缢死"，但"缢杀"与"缢死"未必相同。所谓缢杀，就是利用他人的力量将其勒死；而说到缢死，则解释为没有他人的力量直接施加，而是根据自己的意志投缳自尽。换句话说，与"缢杀"等于他杀不同，"缢死"是自杀。笔者认同司马光的观点，将杨贵妃的死理解为缢杀。

最后，让我们看看唐代诗人刘禹锡的《马嵬行》一诗：

① 《杨太真外传》："初，禄山尝于上前应对，杂以谐谑。妃常在座，禄山心动。及闻马嵬之死，数日叹惋。"

② ［日］大野实之助撰，《杨贵妃》，春秋社，1969年9月。

杨贵妃墓（著者摄）

绿野扶风道，黄尘马嵬驿。

路边杨贵人，坟高三四尺。

乃问里中儿，皆言幸蜀时。

军家诛佞幸，天子舍妖姬。

群吏伏门屏，贵人牵帝衣。

低回转美目，风日为无晖。

贵人饮金屑，倏忽舜英暮。①

---

① 见［唐］刘禹锡撰，陶敏、陶红雨校注《刘禹锡全集编年校注》卷一《马嵬行》，中华书局，2019年。著者此处为节选。

"在马嵬驿的路边、杨贵妃的墓冢旁，听里中的年轻人说，玄宗皇帝逃往蜀地时，曾在此遭难，为军队所逼，含泪处死了杨贵妃。贵人饮下金屑，很快就去世了。""金屑"一般是指黄金的粉末之类的东西。

如果照这样说的话，杨贵妃就是饮金自尽的了。只是不知道喝金粉是否会致死，而刘禹锡是中唐人，与白乐天是至交。由于是听"里中儿"说的，所以那个时候当地应该还流传着这样的说法吧。

宋王楙《野客丛书》中有这样一段记载：

> 据李肇《唐国史补》注，杨贵妃死在马嵬坡的梨树下，附近居住的老媪得到了她的"锦袜一只"（锦缎做成的足袋①、袜子之类的一只）。她把这袜子给街上来往的客人看，每次要价一百金，因此成为了富人。
>
> 又据《玄宗遗录》记载，高力士在贵妃死时取下她的一只袜子藏在家中。但是玄宗在梦中知道了这件事，便问高力士："你是不是收藏了贵妃的一只罗袜？"于是他把这只袜子呈进了上去。玄宗因此作了《妃子所遗罗

----

① 日式分趾袜。著者用日本名物"足袋（たび）"解释"锦袜"，方便日本读者。

袜铭》，辞曰："罗袜罗袜，香尘生不绝！"①

这两条的内容虽然不同，但都记载了贵妃遗落袜子的事。因此，刘禹锡的《马嵬行》中也叙述了类似的内容，恐怕不是没有根据的吧。这是当地遗留下来的传说。

接下来，笔者想先介绍一下早年探访马嵬杨贵妃墓时，购买的《杨贵妃传说故事》（陕西旅游出版社，1988年刊）一书中所收录的"贵妃衣冠冢"一文。

　　回到长安的玄宗决心为杨贵妃改葬，便派遣中官前往马嵬。但是当时众人将杨贵妃的尸体在道路旁随便挖了个土坑，草草埋了，所以中官怎么也找不着贵妃的墓

① 按《野客丛书》卷二二"杨妃袜事"条："李肇《国史补注》言，杨妃死于马嵬梨树下，店媪得锦袜一只，过客传玩，每出百钱，由此致富。《玄宗遗录》又载，高力士于妃子临刑遗一袜，取而怀之。后玄宗梦妃子云云，询力士曰：'妃子受祸时遗一袜，汝收乎？'力士因进之。玄宗作《妃子所遗罗袜铭》，有曰：'罗袜罗袜，香尘生不绝！'二说虽不同，皆言妃子有遗袜事。仆始疑其附会，因读刘禹锡《马嵬行》有曰'履綦无复有，文组光未灭。不见岩畔人，空见凌波袜。邮童爱踪迹，私手解鞶结。传看千万眼，缕绝香不歇。'乃知当时果有是事，甚合《国史补注》之说。"（见［宋］王楙撰，王文锦点校《野客丛书》，中华书局，1987年）而今见《刘禹锡全集编年校注》卷一《马嵬行》中，"文组"作"履组"，"凌波"作"陵波"，文字略有不同。

冢。如此回京怎么向玄宗交代呢？他手足无措。刚好这时他听到马嵬百姓中流传着这样一件事①：

　　杨贵妃在殿前的梨树上自缢时，留下了一只靴子和袜子，这些东西被马嵬驿一个驿卒拣到了，这个驿卒将此物带回家里，交给他的母亲保管。他母亲是个在马嵬卖茶的老太太。说来也怪，这靴子和袜子异香扑鼻，几里外都能闻得见。这一来惊动了周围的四村八舍，人们成群结队地跑来观瞻。这位老太太倒也精明，她规定来看的人，每人须交铜钱二枚。尽管收费，但是参观者仍然络绎不断，老太太因此竟发了一笔财，卖大碗茶的营生自然也就停止了。

　　中官听见这个消息后，高兴万分，他找来了老太太，出高价买了靴子和袜子，然后郑重其事地埋在了现在贵妃墓这个地方，回京向唐玄宗复命交差去了。所以说，杨贵妃墓是个"衣冠冢"。

　　"衣冠冢"原本指埋葬遗物衣冠的坟墓，也泛指存放遗物的地方。这里本来就没有尸骸，放进去的是一只靴子和一只罗袜。

---

　　① 这一段文字乃著者据《杨贵妃传说故事》删节改写而成，今照著者原文翻译；以下两段则无改动，故照原书录出。

远渡日本的传说

据说杨贵妃的尸骸一直没有被找到，或许是因此，也就有了杨贵妃其实没有死于马嵬坡的传说。其中一为"替身说"，一为"复生说"。幸存的她该何去何从？有人认为她在近侍的保护下远渡日本了。

以渡边龙策《杨贵妃后传》为依据的香港小说家南宫博所著的《杨贵妃》①一书就主张"复生说"。

马嵬佛堂的床上突然苏醒过来的杨贵妃，在监护宫女的安排下，先被送到了湖北省西北部的襄阳。接着雇了一艘双桅河船，沿渭水而下，停泊江夏。再往下一百公里，就能到达长江流域的武汉。

至此，是选择溯游而上前往玄宗所在的四川成都呢，还是顺流而下前往气候更适宜的扬州？最后，她选择了南下扬州。不久之后便得知玄宗已经退位，而新政权也对杨氏一族抱有强烈的反感。历经生死的杨贵妃要回到玄宗身边已经很困难了。于是，她搭乘日本使节的归国船只，决心离开中国。

小说就是如此叙述的。说到底，这不过是基于"杨贵妃还活着"的"风闻"而创作的。日本也流传着"成吉思

---

① 南宫博撰《杨贵妃》，（台湾）时报文化出版事业有限公司，1975年。

汗即义经"①"秀赖藏匿在萨摩"②"西乡隆盛去了哪里"

---

① 源义经（1159—1189）是日本镰仓幕府创建者源赖朝之弟。
曾立下赫赫战功，后来功高震"兄"，被源赖朝追杀，最后被迫杀死
妻女后切腹，全家灭亡。义经死后，即有传言指他仍然在生，前往
虾夷地（现北海道），其后再逃至中国大陆，成为后来的成吉思汗。
"源义经即成吉思汗"说先于坊间流传，德国博物学家西博尔德在其
著《日本》（1832）采纳了此观点。日本政治家末松谦澄在其剑桥大
学的毕业论文中汇集了各种说法，后由内田弥八译成日文，更名
《义经再兴记》（1885），在日本国内引得了"空前的反响"。学者小
谷部全一郎赴中国和蒙古实地考察，于1924年出版了《成吉思汗乃
源义经也》一书。

② 丰臣秀赖（1593—1615）是丰臣秀吉之子，丰臣政权的第三
代家督。1614—1615年，德川家康建立的江户幕府发动了消灭丰臣
家的大阪之役，在大阪夏之阵中，名将真田幸村战死，大阪城陷落，
秀赖及母亲淀殿被逼自杀。战后有传言称秀赖等人都没有死，而是
经由密道偷偷逃出大阪城，被一路护送至萨摩（现鹿儿岛西部）。隔
年，秀赖病死，其子国松被护送至九州丰后国日出藩木下家，并改
名为木下延由，成为当时藩主木下延俊的四男。日本电视节目TBS曾
访问木下家第十九代家主木下崇俊，他透露每一代木下家长子都会
被告知这段秘史。他的父亲木下俊熙将相关历史和考证编纂成《秀
赖存活于萨摩》（《秀頼は薩摩で生きていた》，1968）一书。

日本的杨贵妃墓（山口县长门市二尊院　著者摄）

①之类的故事。

_____

①西乡隆盛（1828—1877）是日本江户时代末期（幕末）的萨摩藩武士、军人、政治家。在日本明治维新运动中领头推翻幕府统治，功勋卓著，与木户孝允、大久保利通并称"维新三杰"。1873年，在明治六年政变中辞职下野，回家乡鹿儿岛建立私学校，宣扬武士道。后因不满政府废除武士特权而于1877年发动西南战争，失败而自杀身死。中国近代思想家王韬、黄遵宪、梁启超等人都曾到上野公园瞻仰西乡隆盛的铜像。据美国人马克《最后的武士》一书说，西乡死后，日本坊间流传着三个"西乡并未死去"的版本：一说逃往日本，一说潜藏印度，一说生活于俄国。日本小说家芥川龙之介自选小说集《疑惑》中《西乡隆盛》一篇就曾借此传闻来说明史学考据的盲点。

　　传说杨贵妃漂流到山口县大津郡油谷町（现长门市）的久津海岸。这里是面向日本海的北长门海岸国家公园的一部分，位于向津具半岛所包围的海湾内。与油谷町相邻的是日置町（现属长门市）和长门市。几年前，笔者也曾在家住防府市的学生 F 君的引导下访问过此地。在祭祀柿本人麻吕[①]的人丸神社所在的山阴本线"人丸站"下车，沿着能观赏优美海景的巴士路线，在久津下站后不多时就看到写着"杨贵妃之墓"的路标。当时正值樱花盛开之际，这就成了一条明媚灿烂的海滨之路。墓冢所在是一座名为"二尊院"的寺庙。虽然是处建制不大的静谧之所，却有着镰仓时期留存下来的、桧木建造的释迦如来像和阿弥陀如来像。此二尊像并立为本尊，因此称作"二尊院"。两尊佛像皆通高一米左右，贴饰漆箔，镶有彩色玉眼。

　　和 F 君在此一同叩头礼拜之后，我们慢慢地绕到正殿后面，朝着"杨贵妃墓"走去。墓冢位于稍高的平台上，从那里可以一览久津湾。在自然山石砌成方形台基上，有一座用花岗岩筑成的五重塔。这就是墓碑。不知为何，这座五重塔的周围布满了大大小小的石头，其中更有几个堆成了小五重

---

　　① 柿本人麻吕（约 660—710），日本飞鸟时代歌人。《万叶集》收录其长歌 19 首，短歌 75 首。在日本文学史上占有重要地位，甚至被尊称为"歌圣"和"万叶第一歌人"。平安时代（794—1185）以来人们多称呼他为"人丸"，并建立"人丸神社"供奉他。

塔的样子。至此，一种荒凉的思绪不觉油然而生。

五重塔约莫是镰仓末年的样式，是山口县指定的重要文化财①。附近立着一块题为"萦绕着神秘与浪漫的传说——杨贵妃之墓"的说明牌。

传说杨贵妃出了长江口后，乘上了一艘空船，漂流到这里一个叫唐渡口的海岸，不久就去世了。当地人们将她安葬在了这座高台上。玄宗皇帝在梦中得知此事，为了追念祈福，便派遣将军陈安来到日本，还命他建造了释迦和弥陀两尊佛像以及一座十三重宝塔。

高台对面就是久津渔港。船在平静的海面上滑行。F君和我在烂漫的春光里久久伫立。当晚我们留宿附近的旅馆，晚上泡"玄宗之汤"，早上泡"杨贵妃之汤"。后来，西安美术学院在这里建造了高达四米（实际高度为3.8米，取杨贵妃去世时虚岁38岁之意）的杨贵妃像。或许我们成了在古老的五重塔前缅怀并感伤杨贵妃的最后一批人了。

有说法称杨贵妃是热田神宫的明神的化身，香逝于马嵬后便回到了热田杜②。虽然现已不存，但是过去神殿后面有座五重塔，据说那就是杨贵妃的坟墓。为什么热田明神的化身

---

① 重要文化财，是根据日本《文化财保护法》，由日本政府的文部科学大臣指定的具有重要历史价值和艺术价值的建筑、美术工艺品、考古资料、历史资料等等物质文化遗产，也简称为重文。

② 日语"杜（もり）"，特指神社周围树木繁茂的林地。

是杨贵妃呢？室町时代的学者清原宣贤在一篇叫作《长恨歌并琵琶行秘抄》的《长恨歌》讲义中有如下记载：

> 一说此处言蓬莱，乃前往日本尾张寻找热田明神之义。玄宗欲攻取日本，热田明神化作美女以惑玄宗之心。证据乃此社有"春叩门"。即当春时，道士叩门，故题于此门额之上。是有此说。①

这是《长恨歌》"蓬莱宫中日月长"中"蓬莱"一词的相关解释②。热田明神发觉玄宗有攻下日本的野心，为了守护国家的安全与和平，便化身杨贵妃侍奉君侧，使其倦怠政治，引发安禄山之乱，成功达到目的后便回到了热田。探访蓬莱宫的道士前往的正是热田杜。据说这里有一扇因春日叩问而

① 录日语原文如下：
一说二此ノ蓬莱ト云フハ、日本ノ尾张热田明神へ寻ネ行クト云フ义アリ。玄宗ノ日本ヲ攻メテ取ラントスルホドニ、热田明神ノ美女ト成リテ玄宗ノ心ヲ迷ハスト云フ。ソノ证挟二ハ此ノ社二「春叩門」ト云フアリ。春ノコロ、此ノ戸ボソヲ道士ガ叩ク故二其ノ門ノ额ヲカクノゴトクウット云フ。是レハ一说ナリ。
见京都大学藏清原宣贤《长恨歌并琵琶行秘抄》（https://rmda.kulib.kyoto-u. ac. jp/item/rb00007913#? c=0&m=0&s=0&cv=29&r=0&xywh=-3148%2C0%2C9366%2C2047）。

② 据今可见京都大学藏清原宣贤《长恨歌并琵琶行秘抄》，此段解释文字在"金阙西厢叩玉扃"句下。

得名的"春叩（敲）门"。现在神宫中存有传为小野道风[①]笔书的"春叩门"之门额。

成书于镰仓时代的《曾我物语》卷二《玄宗皇帝之事》中也有记载：

> 玄宗从天而降，作为八剑明神出现在我朝尾张国。杨贵妃乃热田明神所化。蓬莱宫即此地。[②]

这大约就是宣贤所引"一说"的由来。除此之外，还有一种说法是诸神在高天原[③]商谈，为了从玄宗的威胁中拯救日

[①] 小野道风（894—967），日本平安时代的贵族、书法家。在摹仿王羲之字体的基础上，形成自己的"秀气"风格，为"和（日）样"书法的创始人，在日本书法史上占有特别重要的地位。其书法真迹《智证大师谥号敕书》《屏风草稿》《三体千字文》等被视为国宝。其墨迹被称为"野迹"，与书法家藤原佐理的墨迹（佐迹），藤原行成的墨迹（权迹），誉称"三迹"。

[②] 录日语原文如下：

(玄宗)、我が朝尾張国に天降り八剣明神と現れ給ふ。楊貴妃は熱田の明神にてぞ渡らせ給ひける。蓬莱宮はすなはち此の所とぞ申し候ふ。

见 ［日］市古贞次、大岛建彦校注《日本古典文学大系88：曾我物语》，岩波书店刊行，1966年。

[③] 高天原，是日本神话《日本书纪》和《古事记》中，由天照大神统治的天神居所。有别于地上的大八州，高天原被描写为飘浮在海上、云中的岛屿。

本，于是热田明神转世为杨贵妃，住吉明神①转世为安禄山，熊野权现②转世为杨国忠，托生唐土。另外，还有传言说，杨贵妃等人先乘船漂泊至尾州智多郡宇津美浦（爱知县知多郡南知多町内海）登陆，而后再前往热田。古川柳③中有

三千の一つは熱田へ御遷宮
三千之一身，迁宫于热田

之句，揶揄道：玄宗皇帝"后宫佳丽三千人"之一的杨贵妃，之后竟御迁到热田神宫了呢。

　　还有一种说法是，杨贵妃来到日本后被召入宫中，受到女帝孝谦天皇的优待，在政务上也做出了贡献。

---

　　① 住吉明神，即底筒男命、中筒男命、上筒男命三神的总称，又因上古日语中"住吉"训作"すみのえ"（墨江），故又称"墨江三神"。据《古事记》和《日本书纪》记载，从黄泉国逃返的祖神伊邪那岐命在海中洗涤污秽时诞生了住吉三神，因此他们也是海神、净化神。又《住吉大社神代记》和《伊势物语》中记载住吉神曾歌咏和歌，因此又被奉为和歌之神。

　　② 熊野权现，是熊野三山（熊野本宫大社、熊野速玉大社、熊野那智大社三座神社的总称）的祭神，受本地垂迹（日本佛教兴盛时期的一种思想。日本神道的八百万神是佛菩萨的化身，在理论上神佛具有同等地位）的思想影响，所以称作权现。

　　③ 川柳，一种诗歌形式，和俳句一样有17个音节但不像俳句那样严格，内容大多是调侃社会现象，随手写来，轻松诙谐。

尽管不是杨贵妃本人，但据说这尊坐像是从中国传来的——那就是位于京都泉涌寺的"杨贵妃观音"。关于这一点，笔者曾在《中国的智囊》（下）（中公文库）中发表过随感，现节略其中一部分重录于此。

杨贵妃观音

杉田久女是大正年间至昭和初期活跃于俳句杂志《小杜鹃》（**ホトトギス**）上的天才女俳句诗人。她师事高滨虚子，成为了《小杜鹃》的同仁，但之后离开，在北九州主编了俳志《花衣》。

由于过分要强的个性，她不为人所容，晚景寂寞，但其激昂的浪漫俳风吸引了众多读者。特别是在大分县的英彦山吟咏的：

谺して山ほととぎすほしいまま

啼声回荡，山谷中，杜鹃随心鸣叫

这一名句最为人熟知。再提及几首其他的作品，（中略）其中，我最喜欢吟诵的是这句：

風に散る楊貴妃桜房のまま

风骤起，吹散杨贵妃樱，簌簌而落

杨贵妃观音（京都市泉涌寺藏）

　　杨贵妃樱是八重樱的一种，是春的季语①。花如其名，绚烂豪华，恐怕也是久女喜欢的花吧。

　　春日的暴雨吹向盛开的花枝，悲凄的烈风将花朵吹落成串。风雨不停。久女的眼睛迅速捕捉到从欢喜到悲

----

　　① 季语（きご）是在连歌、俳谐、俳句等地方使用的表达特定季节的词汇。例如"月"与"花"（指樱花）代表春、"小杜鹃"代表夏、"红叶"代表秋、"雪"代表冬。

哀这一"暗転"①的瞬间,她心中便自然而然地浮现出对杨贵妃的荣华与衰亡的联想了吧。

恰好日本有一尊杨贵妃观音像,就在京都东山的泉涌寺。这座寺庙位于东山三十六峰之一的月轮山的山麓。由于是皇室历代的菩提所②,故而是一座自古以来就有"御寺"尊称的名刹。

现在从东山大道沿着长长的"泉涌寺道"慢慢往上走,不久就进入了气氛庄严的寺院院内。进门左手边有一座小佛堂。这就是"杨贵妃观音堂"。堂内供奉的杨贵妃观音是一尊木雕彩绘的等身坐像。堂前植有一株垂枝樱树,立牌上写着"杨贵妃樱"。

这尊观音像是唐玄宗追慕杨贵妃而制作的拟像观音像,据说是一位名叫湛海律师的僧人赴宋修行后,回国时请来的。(以下略去)

---

① 日语"暗転(あんてん)",原为戏剧用语。在不降下幕布的情况下,通过暂时调暗舞台来改变场景。也表示事态突然间恶化。

② 菩提所(ぼだいしょ),日本佛教用语。又称菩提寺、香华院。古称氏寺、坟寺。为安置历代祖先之牌位,祈其冥福所建立之寺院。在此作诵经、持咒、供佛、施僧等法事,为自身或亡灵求无上菩提。

　　这座观音像与洛西①太秦广隆寺的弥勒菩萨②齐名，被赞叹为洛东的美貌佛像，是丰颊肥满的所谓"树下美人"③式的美人，与盛唐时代的审美趣味相符。由于玄宗时代盛行享乐主义，追求感官上的快乐，比起知性的长颜瘦形，具有热情肉感的圆脸、体态丰盈的女性显然更受欢迎，这是毋庸置疑的。

　　《旧唐书·后妃传》对杨贵妃的评价是"姿质丰艳"，小说《梅妃传》中梅妃以"肥婢"蔑称杨贵妃。这绝不是说这尊佛像如此令人畏惧，但杨贵妃确实像这座观音像一样雍容

---

　　① 按奈良时代后期，日本贵族内部斗争激烈，桓武天皇迁都平安京（京都），开启平安时代（794—1192）。平安京模仿隋唐长安城的建制，以朱雀大街为界，左京称洛阳，右京称长安。后右京因地势低洼等原因荒废，"洛阳"便逐渐成为整个京都的雅称。京都分洛东、洛西、洛中、洛南、洛北五个部分。"洛西"指京都西部，即岚山和嵯峨野地区，以桂川河为界，自平安时代以来就是著名的观光胜地。

　　② 广隆寺是一座创建于公元7世纪初的日本古老寺院。"弥勒菩萨半跏思惟像"为赤松木雕，原施有漆绘金箔，因年代久远剥落，除小部分仍保有金箔外，整尊雕像呈现木纹之美，被指定为"日本国宝第一号"。

　　③ 树下美人，盛唐时期屏风人物图、墓葬壁画中流行的一种画题。画中的树木、山石是概念或象征性的，也有分界或分隔的功能。美人在树下或立或坐、朱唇小口、神态祥和、体态丰腴、衣裙宽大，发型、化妆、服装等都是盛唐常见样式。

丰腴，身姿宽松。若想象成竹久梦二①所描绘的女子就大大不
妥了。

《开元天宝遗事》中有"含玉咽津"之题，其记事如下：

> 贵妃素有肉体，至夏苦热，常有肺渴。每日含一玉
> 鱼儿于口中，盖藉其凉津沃肺也。

杨贵妃圆润，畏热。盛夏时节更是难以忍受，甚至呼吸
困难。据说，在口中放入玉制的小鱼，就能分泌出冰凉的唾
液，咽下去便得以消暑。

宦官高力士

英语中有一个单词eunuch，意思是"被阉割的男子"。这
种"去势"（castration）的风俗盛行于非洲和古代东方，并波
及罗马帝国时代。这些人就是所谓的宦官。众所周知，克娄
巴特拉（埃及艳后）时代的近卫军队长就是宦官。奥斯曼土
耳其利用宦官来管理后宫也是很出名的。在古代欧洲教会，
也会将被阉割的少年们组成合唱班，担任女高音或女低音的

---

① 竹久梦二（1884—1934），日本20世纪初期画家、诗人兼平
面设计家，以"梦二式美人"风靡一时，有"大正浪漫代言人"之
称。其美人画脱胎自传统浮世绘技艺，创造出了一种身材婀娜纤细、
有着惆怅的长脸、水灵的眼眸（周作人称之为"大眼睛软腰肢"），
表情有些忧愁、哀怨，乃至楚楚可怜的少女形象。

部分。

至于中国，殷（商）的武丁时代就有宦官了，根据当时的甲骨文可以确认。《诗经·秦风》的《车邻》诗中也有"寺人"一词，《毛传》注解为"内小臣也"，他们也都被认为是宦官。"宦"字本身是"见习官吏"的意思，作为动词也是"供职宫中"的意思，并没有"去势"的含义。

宦官的称呼还有宦者、寺人、阉人、奄人、阉官、中官、净身人、貂珰、太监、内竖、椓人、火者等多种。

在中国，尽管宦官负责监督宫廷女官、服役内廷杂务，但由于侍奉于君侧，故而渐渐掌握了权势，成为君主的辅佐，具备协调外廷与内廷的能力，常常作为幕后宰相、政界实权者而显示出强大的威力。

有几类人可以成为宦官：（1）边境的俘虏；（2）外国进贡者或者进口的奴隶；（3）受到宫刑（去势的刑罚）处置的人或者由于是罪人的子孙而被施加宫刑者；（4）自行阉割者（自宫者）或者受父母之命而去势者等等。所谓的"自宫"也令人难以理解，据说有很多贫民子弟为了富贵而自愿如此。

唐王朝属于北朝一系，宦官势力强盛，玄宗时代宦官人数超过4000人。有人认为明代亡于宦官专政，而直至清末仍有不少宦官幸存下来。现在北京大学南门附近被称为中关村，其实应该是"中官村"，听说那里曾有侍奉清廷的宦官的宅邸和坟墓。宦官这类人也有发源地，明清时代的宦官（自宫者）

多出身于河北省河间地区。

高力士的传记在《新唐书·宦者传》《旧唐书·宦官传》中。像他这样的宦官任职的地方，是唐代官制中六省之一的内侍省。这是类似宫内厅①的机构，内局有五局，负责处理与女官的工作、管理相关的全部事务。外局的等级从内侍到寺人，担任天子的近侍。内侍省的长官由四名内侍中的高级成员担任，比照位居三品的宰相，被定为四品官。

不过，高力士因为功劳，最后晋升一品官，封骠骑大将军。关于他的出身，《新唐书》是这样记载的：

> 高力士，冯盎曾孙也。圣历初，岭南讨击使李千里上二阉儿，曰金刚，曰力士，武后以其彊悟，敕给事左右。

高力士是岭南蛮酋冯盎的子孙，小的时候就被去势了，岭南讨击使李千里把他和另一个叫金刚的少年一同进献给了则天武后。武后很欣赏他的聪明，让他陪侍左右。

后来他被同是宦官的高延福收为养子，改从高姓。高力

----

① 宫内厅，日本政府中掌管天皇、皇室及皇宫事务的机构，其前身为"宫内省"与"宫内府"。

士长成青年后，个子虽不甚高[①]，但心思缜密，善于传达诏令，所以当上了内局之一的宫闱局的丞（副官）。这个局负责管制宫门。玄宗从此与他相识，关系极为亲密。不久，成为皇太子的玄宗将高力士纳入内房，作为属官。此后，他作为亲信功劳赫赫。玄宗成为天子后，在开元初年加封高力士为右监门卫将军，知内侍省事。

两人似乎十分投缘，据《旧唐书·高力士传》记载：

> 每四方进奏文表，必先呈力士，然后进御，小事便决之。玄宗常曰："力士当上，我寝则稳。"故常止于宫中，稀出外宅。

给天子的上表的文书首先由高力士检查后再进呈天子，一些小问题他自己当场就能做出决断。玄宗甚至说过"高力士不在身边，夜不能寐"这样的话，由此看来，两人简直形

---

① 著者原文为"彼は若者になっても背はあまり高くなかった"，言高力士身材不甚高大。但《旧唐书》卷一八四《宦官·高力士传》载"（高力士）长六尺五寸"。按《旧唐书》卷一〇五《杨慎矜传》载慎余、慎矜、慎名三人"兄弟甚友爱，事寡姊如母，皆伟仪形，风韵高朗，爱客喜饮，籍甚于时。慎名尝览镜，见其须面神彩，有过于人，覆镜叹惋曰：'吾兄弟三人，尽长六尺余，有如此貌、如此材而见容当代以期全，难矣！何不使我少体弱耶"，则在唐代身长六尺余属于"伟仪形"。

影不离。换句话说，就是君臣一体，高力士仿佛玄宗的分身。
这种奇妙的信赖关系，正是天子"孤独"所导致的吧。

于是，许多人对他附会逢迎。据《旧唐书》所载，宇文
融、李林甫、李适之、韦坚、杨国忠、安禄山、高仙芝等玄
宗朝的高官都是在高力士的推举下晋升的。忠王时代的肃宗
与武惠妃之子寿王争夺皇太子之位时，李林甫等人拥戴的寿
王失势，也正是因为高力士曾向玄宗进言"推长而立"。因
此，肃宗入主东宫之后，尊呼高力士为"二兄"。其他的王公
和公主们皆唤他作"阿翁"，甚至玄宗对他也从不直呼其名，
总是称他为"将军"。

随着官位变高、实权变强，经济上也变得优渥，高力士
的财富甚至可以与王侯匹敌。他在长安的来庭坊建造了宝寿
寺，在兴宁坊建造了华封道观。

唐朝的郭湜撰有《高力士传》，将高力士一生的经历编纂
成书，其中记载了天宝年间高力士数次向玄宗谏言的故事。
特别是，渐入老境的玄宗将国政托付给宰相的情况越来越多，
对此他多番劝诫；他还向皇帝忠告，预言在边境扩大势力的
节度使安禄山将会叛乱。天宝十五载（756）六月十三日，因
害怕安禄山进攻长安而决定幸蜀时，玄宗对高力士说：

> 卿往日之言，是今日之事，朕之历数，尚亦有余，

不须忧惧。①

　　这句话的意思是"很抱歉虽然一切如你所预言的那样，但这并不意味着我命运已尽，所以不必杞人忧天。"不久，一行人向西行进到达马嵬驿，发生了缢杀杨贵妃的事变，当时缢杀的任务落到了高力士身上。这或许是由于玄宗到最后还是一如既往地采用了这样的措施吧：一切政治决断都委托高力士来办。

　　玄宗从蜀郡还幸后，高力士侍奉在成为上皇的玄宗身边，加封开府仪同三司，实封五百户。此前，高力士还被封为齐国公，应该是在陪着玄宗出逃到还驾的这段艰辛岁月中，他所发挥的卓越才能得到了认可吧。上元元年（760）七月，玄宗从兴庆宫迁至西内甘露殿，高力士也跟随玄宗迁至此处。

　　此时，随侍在肃宗身边，开始掌权的是李辅国。他也是宦官出身，最初一直侍奉高力士。肃宗告别玄宗前往灵武时，他加入其中，还参与了推动肃宗即位等事，在政治方面也有了很大的进展。此外，他还与肃宗的宠妃张后关系亲密，他们互相勾结以扩张势力。

　　还驾之初，成为太上皇的玄宗依然在长安士人中享有很

　　① 按李时人标点作："卿往日之言是。今日之事，朕之历数尚亦有余，不须忧惧。"（李时人编校，何满子审定，詹绪左覆校《全唐五代小说》外编卷四郭湜《高力士外传》，中华书局，2014年）似更佳。

高的声望。据唐朝柳珵的《常侍言旨》记载，玄宗驾临兴庆宫勤政楼时，楼下来往的市人欣喜地高呼万岁，声动天地。李辅国向肃宗控诉说，这是高力士、陈玄礼等玄宗亲信有意操纵群众的行为。他又施加了许多威压，例如假借诏命，将兴庆宫中的三百匹马减少到十匹，诸如此类。

有一次，李辅国又假诏让玄宗从兴庆宫前往大明宫。途中却突然包围了队伍，声称因兴庆宫地势低洼，故而请玄宗移驾太极宫。惊慌失措的玄宗差点从马上摔下来。高力士走上前来，对拦路的李辅国大声斥责道："太上皇是五十年的太平天子了，你想干什么！"[①]说完牵起缰绳回到了兴庆宫[②]。经过这件事，李辅国更加憎恨高力士，最终借故将他流放至巫

[①]《新唐书·李辅国传》作"五十年太平天子，辅国欲何事？"

[②]按《资治通鉴》卷二二一《唐纪三十七》"肃宗上元元年（760）"条载："力士又叱辅国与己共执上皇马鞚，侍卫如西内，居甘露殿。辅国帅众而退。所留侍卫兵，才尪老数十人。陈玄礼、高力士及旧宫人皆不得留左右。上皇曰：'兴庆宫，吾之王地，吾数以让皇帝，皇帝不受。今日之徙，亦吾志也。'是日，辅国与六军大将素服见上，请罪。又迫于诸将，乃劳之曰：'南宫、西内，亦复何殊！卿等恐小人荧惑，防微杜渐，以安社稷，何所惧也！'"据此可见当日上皇还是为李辅国所胁，迁至西内，并未返回兴庆宫。

州（湖南省黔阳西南）。"在此之前想再见肃宗一面"[①]，高力士离开前的这一愿望也被李辅国驳回了。行至巫州，看到当地盛产荠菜却无人食用，高力士感伤而作诗曰：

> 两京作芹卖，五溪无人采。
> 夷夏虽不同，气味终不改。

两京指的是长安和洛阳。都城里的人常吃芹、荠之类的菜蔬。笔者在中国的时候也经常在路边的自由市场购买煮食。"五溪"是指巫州附近雄溪以下的五个山谷。因之前汉朝的马援曾攻打过这一带的五溪蛮而为人所知。"夷夏虽不同"，指的是这一带的种族与夏，即中原的汉民族风俗不同。"气味终不改"是指最终食物和喜好依然没有变改[②]。

关于他的结局，《旧唐书》本传中是这样记载的：

> 宝应元年三月，会赦归，至朗州，遇流人言京国事，

---

① 按《新唐书·高力士传》载："上皇徙西内，居十日，为李辅国所诬，除籍，长流巫州。力士方逃疟功臣阁下，辅国以诏召，力士趋至阁外，遣内养授谪制，因曰：'臣当死已久，天子哀怜至今日，愿一见陛下颜色，死不恨。'辅国不许。"则似当言"再见玄宗一面"为妥。

② 按高力士诗的涵义是，荠菜在巫州也没有改变气味，隐喻他自己始终如一的品质。与著者此处理解似有不同。

始知上皇厌代，力士北望号恸，呕血而卒。

"厌代"指的是天子驾崩。高力士获赦之后，从流放地回都城的途中，在一个叫朗州的地方，遇到了从长安来的流人，听说上皇已然仙逝，恸哭不已，泣血而亡。时年七十九岁。当时的皇帝代宗为了向这位先朝耆老表示敬意，追赠他为扬州大都督，并因其对玄宗忠心耿耿，许其陪葬泰陵。

高力士得到玄宗的全部信赖，始终在君侧作为其分身而活跃。由此，他虽然掌握了权力，但始终体察玄宗的旨意，起到辅佐作用，从不滥用特权。与之相对，在肃宗朝不可一世的李辅国起初与张后联手，后来在张后企图除掉他时又将其反杀。李辅国身为兵部尚书，执掌兵权，在代宗时代自得于拥立之功而越发专横，最后被忍无可忍的代宗派来的刺客杀死。在此后的中国政治史上，比起高力士型的宦官，李辅国型的宦官权倾一时的情形层出不穷。

围绕《梅妃传》展开

武惠妃死后，玄宗的后宫里再也没有能打动他的女人，而在这段空白期被选中的就是杨贵妃。因此，一般的看法认为，在杨贵妃成为天子专宠的过程中，并没有迫害其他后妃、打压有潜质的宫女的恶行。唯一的例外是，玄宗当时有一位中意的梅妃，由于贵妃的崛起，梅妃被疏远，最后悲泣着销声匿迹了。然而关于梅妃的事迹，新、旧《唐书》中实在没有记载，其故事主要是根据流传至今的唐人曹邺撰写的小说《梅妃传》而来，故而有人怀疑梅妃是否确有其人。

据《梅妃传》所言，梅妃本姓江氏，是现在福建省莆田人。家中世代行医。早在九岁，她就能背诵《诗经》中二南①部分的诗。开元年间，玄宗的亲信高力士作为使者被派往南方，见其姿容，便将她带回了京城，让她侍奉玄宗。玄宗对她宠爱有加。《梅妃传》对此情形作了如下记载：

> 侍明皇，大见宠幸。长安大内、大明、兴庆三宫，东都大内、上阳两宫，几四万人，自得妃，视如尘土。宫中亦自以为不及。妃能属文，自比谢女。尝淡妆雅服，而姿态明秀，笔不可描画。②

"明皇"指的是玄宗。长安的太极、大明、兴庆三殿，东都洛阳的太极、上阳两殿共计四万美人，梅妃拥有她们望尘莫及的美。自得梅妃后，玄宗对这四万宫女视如尘土，宫女们也从一开始就放弃了与她争艳的念头。她满腹才学，自比于东晋著名才女谢道韫。她妆容淡雅、气质清高，那明秀的姿态是画笔也无法企及的。

她与杨贵妃不同，是个纤细苗条的美女，体型、性格都

---

① 二南，指《诗经·国风》中的《周南》和《召南》。

② 李剑国辑校《唐五代传奇集》第三编卷十一曹邺《梅妃传》，中华书局，2015年。

与杨贵妃形成鲜明对比。原田淑人所著的《考古漫笔》（郁文社，1970年刊）中有《杨妃与梅妃》一文，特此介绍。

> 长安城中的百姓都在传唱牡丹诗，其中李白的"国色朝酣酒，天香夜染衣"之句深得玄宗皇帝的喜爱。玄宗吟诵片刻，然后回头看了看身旁的杨妃，满面带笑地说："卿饮一杯酒斜坐妆台前，朕看即如此诗矣。"①（《松窗杂录》）大约杨妃娇艳的身姿恰似嫣红的牡丹花吧。
>
> 一日，玄宗在百花院别殿中读《汉成帝内传》，杨妃来得稍迟，一边拢了拢玄宗的衣襟，一边问道："陛下在看什么？"玄宗回答："正读到有趣之处，成帝的宠姬赵飞燕身轻不胜风，成帝建造了一座避风堂，让她在里面跳舞"，又回头对杨妃说，"卿无此忧，稍受些风吹也无

---

① 按李濬《松窗杂录》载："会春暮，内殿赏牡丹花，上颇好诗，因问（程）脩己曰：'今京邑传唱牡丹花诗，谁为首出？'脩己对曰：'臣尝闻公卿间多吟赏中书舍人李正封诗，曰：天香夜染衣，国色朝酣酒。'上闻之，嗟赏移时。杨妃方恃恩宠，上笑谓贤妃曰：'妆镜台前宜饮以一紫金盏酒，则正封之诗见矣。'"据此则该诗句作者乃李正封，非李白。

碍。"①（《杨太真外传》）不过是揶揄杨妃肥胖的身段。

其次是梅妃，梅妃原名江妃，是位非常有名的才女，善诗文。据说她虽然不怎么装扮，但与生俱来的优美姿容是无法描摹的。她极爱梅花，在宫室周围种了数十株梅树，每到花季，她都会举行诗会直至深夜。玄宗呼她作"梅精"，称其居室为梅亭（《梅妃传》）。楚楚动人的梅妃令人向往。

杨妃与梅妃互相争宠。一日，玄宗瞒着杨妃偷偷召见梅妃的时候，杨妃突然出现，引起了很大的骚动。玄宗悄悄派使者把梅妃送回了宫室。路上，梅妃问使者："陛下要抛弃我吗？"使者回答说："不是这样的，陛下只是怕得罪了太真妃。"梅妃回答："如果是怕得罪了那个'肥婢'，那和抛弃我也没什么区别了。"②（《梅妃传》）

---

① 《杨太真外传》："上在百花院便殿，因览《汉成帝内传》，时妃子后至，以手整上衣领，曰：'看何文书？'上笑曰：'莫问，知则又妒人。'觅去，乃是：'汉成帝获飞燕，身轻欲不胜风。恐其飘荡，帝为造水晶盘，令宫人掌之而歌舞。又制七宝避风台，间以诸香，安于上，恐其四肢不禁也。'上又曰：'尔则任风吹多少。'盖妃微有肌也，故上有此语戏妃。"

② 按曹邺《梅妃传》载："上顷觅妃所在，已为小黄门送令步归东宫。上怒斩之。遗舄并翠钿命封赐妃。妃谓使者曰：'上弃我之深乎？'使曰：'上非弃妃，诚恐太真恶情耳。'妃笑曰：'恐怜我则动肥婢情，岂非弃也？'"据此则是小黄门私送梅妃回东宫，非玄宗遣使送还。

梅妃骂杨妃是"肥婢",这生动体现了杨妃身材肥胖的特点。

　　杨妃和梅妃都成为了安禄山叛乱的牺牲品,花颜空委地。据说玄宗在乱后从马嵬坡将杨妃的遗骸迁葬长安,还在别殿的墙壁上描绘了杨妃的姿容,朝夕对着它流泪(《新唐书·后妃传》)。此外,玄宗回到京城后,为了确认梅妃的生死还向四面八方派遣了使者,但杳无音信。碰巧有人献上了梅妃的画像,玄宗便将其像镌刻于石上,并题诗以表达对她的怜惜。其诗曰:"忆昔娇妃在紫宸,铅华不御得天真。霜绡虽似当时态,争奈娇波不顾人?"(《梅妃传》)。

这篇文章后面还有后一段,是用唐代的陶俑(坟墓内陪葬的土人)对以杨贵妃为代表的"丰满型"美人像和以梅妃为代表的"清秀型"美人像进行了比较考证。作者是精通文献资料和实物资料两方面的昔日东亚考古学大家,这类研究是他的看家本领。其内容连同富有情趣的文字都十分值得一读。有兴趣的读者请务必看看此书。

　　虽然不清楚梅妃是否如《梅妃传》所言,被杨贵妃割断了与玄宗的情爱而成为牺牲品,但下面要提到的白乐天的新乐府诗《上阳白发人》就是这样一篇讽刺作品:讲述了由于杨贵妃的嫉妒,当时很多的宫女都成为了牺牲品。

　　虽然篇幅很长,但诗意很容易理解,在此列出全诗:

上阳人，红颜暗老白发新。

绿衣监使守宫门，一闭上阳多少春。

玄宗末岁初选入，入时十六今六十。

同时采择百余人，零落年深残此身。

忆昔吞悲别亲族，扶入车中不教哭。

皆云入内便承恩，脸似芙蓉胸似玉。

未容君王得见面，已被杨妃遥侧目。

妒令潜配上阳宫，一生遂向空房宿。

秋夜长，夜长无寐天不明。

耿耿残灯背壁影，萧萧暗雨打窗声。

春日迟，日迟独坐天难暮。

宫莺百啭愁厌闻，梁燕双栖老休妒。

莺归燕去长悄然，春往秋来不记年。

唯向深宫望明月，东西四五百回圆。

今日宫中年最老，大家遥赐尚书号。

小头鞋履窄衣裳，青黛点眉眉细长。

外人不见见应笑，天宝末年时世妆。

上阳人，苦最多。

少亦苦，老亦苦，少苦老苦两如何！

君不见昔时吕向《美人赋》，又不见今日上阳白发歌！

大意如下：

上阳宫的宫女啊！不知不觉已红颜老去，白发丛生。

绿衣监使看守着宫门，关在上阳宫的岁月漫长无期。

在玄宗的末年被选入宫中，那时十六岁，而今已六十了。

同时入选的本有一百多人，但都渐渐凋零净尽，只剩下我一具残躯。

回忆当年，吞声忍泪，痛别亲人，亲人们拉着我的手把我扶进车内，不许我哭泣。

而且还说："进了皇宫就能受到宠爱，因为你面如莲花胸似白玉。"

谁知天颜尚未得一见，就被杨贵妃远远地冷眼相看。

遭到嫉妒，我被偷偷地送进上阳宫，一辈子独守空房。

秋夜漫漫，夜很长却睡不着，而且天怎么也不亮。

坚持到黎明的灯火映投在墙壁上，夜雨萧萧，敲打着门窗，声音清冷而寂寞。

春日迟迟，那样的慢啊，一个人独坐着，天又久久不黑。

宫中的黄莺百啭千啼，但我满怀愁绪，厌烦去听；梁上的燕子虽然成双入对，但我早已不再妒忌。

春莺归秋燕去，长年孤单落寞，迎春送秋，记不清过了多少年。

只是在深宫的御殿里看到过明月，月亮升落往来，满月的次数大约有四五百回吧。

如今我是这上阳宫中年纪最大的了，从天子那里得了个"尚书"的称号。

尖头的鞋子，窄狭的衣裳，青黛描的眉毛又细又长。

世人虽不得见，但见过一定会发笑。这还是天宝末年流行的时妆。

上阳宫的宫女啊，痛苦真是最多了！

年轻时痛苦，老了也痛苦。少女的苦、老妇的苦，这两头都是如此该如何是好？

你不曾看到昔日吕向为进谏而写的《美人赋》？又看不到我今日的《上阳宫人白发歌》吗？

这是所谓的"新乐府"之一，"新乐府"是元和四年（809）白乐天任左拾遗官时所作的五十首诗。据作者记述，此诗乃身为谏官的他为告诫聆听者而作的。诗序言"愍怨旷也"。"怨旷"是"独身者"的意思①。诗题下还有自注："天宝五载已后，杨贵妃专宠，后宫人无复进幸矣。六宫有美色者，辄置别所，上阳是其一也。贞元中尚存焉。"上阳宫是东都洛阳的宫殿。

所谓"后宫三千"，是任何时代都存在的宫女的悲剧。红

---

① 怨旷：古时，称成年无夫之女为怨女，成年而无妻之男为旷夫。这里"怨旷"并举，实际写的只是怨女，是指被幽禁在宫廷中的可怜女子。

颜入宫，不受宠爱而终老，"一生遂向空房宿"，应该有不少女子会为这样的命运而哭泣。特别是号称有四万宫人的玄宗时代，想必确实有很多人心怀怨恨，在上阳宫中蠢蠢欲动吧。诗中写道"已被杨妃遥侧目，妒令潜配上阳宫"，似乎这一切都是杨贵妃的谋算。

然而事实果真如此吗？这倒不如说是制度上的问题，把主因都归结到杨贵妃身上未免太残酷了。白乐天是社会派诗人。笔者认为，白乐天这里不过就是想要借杨贵妃之名，来揭发天子的责任和制度本身的问题罢了。

绘画题材中的玄宗与杨贵妃

玄宗也好，杨贵妃也好，都被描绘在各种各样的画作之中。历代的这些画题即是当时两人的宫廷生活写照。

玄宗谥曰"至道大圣大明孝皇帝"，故又称"明皇"。画题中也有不少使用了"明皇"的字样。

玄宗桃下宴图

《开元天宝遗事》中有"销恨花"一题，桃之夭夭，玄宗在一树繁花之下与贵妃开宴共饮，如此便可尽消世间忧愁。书中还记载了这样一句话：不唯萱草（忘忧草）可使人忘忧①。此画即取此意。

醒酒花图

画卷中，华清宫苑，玄宗与贵妃欢饮沉醉，亲折一枝芍药，细嗅其香，恍然酒醒②。同在《开元天宝遗事》中，记有"醒酒花"一题，因此而作。

明皇令凿玉图

基于《开元天宝遗事》中"玉有太平字"的记事。

开元元年（713），御殿的庭院内下起大雨，地面微裂。到了晚上，那里荧光闪闪，玄宗命人挖开一看，露出一块玉石，上面用古篆字写着"天下太平"四个字。据说因为非常吉祥，所以收进了内库③。

---

① 《开元天宝遗事》卷上"销恨花"："明皇于苑中初有千叶桃盛开，帝与贵妃日逐宴于树下。帝曰：'不独萱草忘忧，此花亦能销恨。'"

② 《开元天宝遗事》卷下"醒酒花"条载："明皇与贵妃幸华清宫，因宿酒初醒，凭妃子肩同看木芍药，上亲折一枝与妃子，递嗅其艳。帝曰：'不惟萱草忘忧，此花香艳尤能醒酒。'"

③ 《开元天宝遗事》卷上"玉有太平字"："开元元年，内中因雨过地润微裂，至夜有光。宿卫者记其处所，晓乃奏之。上令凿其地，得宝玉一片如拍板样，上有古篆'天下太平'字，百僚称贺，收之内库。"

明皇蝶幸图

开元末,每逢春日设宴,便令宫女们插花簪发,接着放蝶嬉戏,行幸蝴蝶停留的宫女之处。但是自杨贵妃得宠之后,这种游戏就停止了①。《开元天宝遗事》所记"随蝶所幸"便是。图据此而作。

明皇斗鸡射鸟图

唐陈鸿撰写的《东城老父传》有如下记述:

> 玄宗还是太子的时候,就很喜欢看民间在清明节举行的"斗鸡之游"。于是,他登基之后就在两宫之间设立了"治鸡坊",并在市场上大量求购金毛、铁距、高冠、昂尾的雄鸡,养在此处。另外,还挑选了五百名近卫军少年饲养训练它们。皇帝所喜好的,下面的人也风习之,以诸王为首的贵族世家都投身于斗鸡,更有甚者到了倾家荡产高价买鸡的地步。东城老父也曾在少年时斗鸡游戏,被外出游玩的玄宗发现,成为了治鸡坊的少年云

---

① 《开元天宝遗事》卷上"随蝶所幸":"开元末,明皇每至春时,旦暮宴于宫中,使妃嫔辈争插艳花。帝亲捉粉蝶放之,随蝶所止幸之。后因杨妃专宠,遂不复此戏也。"

云。①

据传，玄宗因生于酉年（属鸡）而极好斗鸡。此图便基于这些传说。另外，败北的斗鸡将被弓箭射死。

华清宫中也有斗鸡殿，斗鸡之游便在此举行。从兴庆宫行幸至此的那天，据说少年队把数百只鸡都装在笼子里一同带来。队长由特别挑选的美丽少年担任，身穿带锦袖的刺绣丝绸上衣和长裤，走在队伍的最前面。

明皇看牡丹图

《唐国史补》云："京城贵游尚牡丹。每春暮，车马若狂。

---

① 《东城老父传》原文作："玄宗在藩邸时，乐民间清明节斗鸡戏。及即位，治鸡坊于两宫间。索长安雄鸡，金毫铁距高冠昂尾千数，养于鸡坊，选六军小儿五百人，使驯扰教饲。上之好之，民风尤甚。诸王世家、外戚家、贵主家、侯家，倾帑破产市鸡，以偿鸡直。都中男女以弄鸡为事，贫者弄假鸡。帝出游，见昌弄木鸡于云龙门道旁，召入为鸡坊小儿，衣食右龙武军。"（见［唐］陈鸿编，李晓龙校证《异闻集校证》，中华书局，2019年。尽管《太平广记》卷四八五《杂传记二》注作者为"陈鸿"，但后文三次提及"鸿祖"，则作者当名"陈鸿祖"而非"陈鸿"。）按此中"治鸡坊于两宫间"指在两宫间设立鸡坊。著者将"治鸡坊"当成专有名词，非是。

种以求利,一本有直数万者。"①据说牡丹乃隋炀帝时初传入
中国,唐朝呼作"木芍药"。玄宗时,宫中、民间竞相喜爱,
品类繁多。洛阳牡丹尤为著名,也有花径达18厘米的大朵花,
直到后世都被誉为"花中之王""富贵之花"。

兴庆宫沉香亭前,玄宗一边命人演奏音乐,一边怀抱着
杨贵妃观赏牡丹时,说道:"品鉴名花,与妃子相对而立,乐
曲怎能用古词?"便突然传唤李白前来,令作《清平调词》三
首,其事已见前文。图据此而作。

明皇打毬图

此图描绘的是玄宗喜好打马球的情景,宋人晁说之有同
题诗。"击球斗鸡"这个四字短语表明这项竞技在当时与斗鸡
一样供人娱乐。

宫殿千门白昼开,三郎沉醉打毬回。
九龄已老韩休死,明日应无谏疏来。

"所有的宫门竞相开放,看客云集,马球盛会正在举行。
玄宗(三郎是玄宗的乳名)打完球赛,酩酊大醉地回到了御
殿。即便做了这样的事情,由于张九龄年迈,韩休已死,因

---

① 《唐国史补》原文作"京城贵游尚牡丹,三十余年矣。每春
暮,车马若狂,以不耽玩为耻。执金吾铺官、围外寺观,种以求利,
一本有直数万者。"著者引用时略有删节。

此不用担心明日会收到谏言上疏。"诗歌的大意如此。宋人惯于在道义上谴责玄宗的游乐。

诗中的韩休在玄宗朝初期出任宰相。玄宗一旦在御苑游乐过度，必问侍臣："韩休知否？"果不其然，韩休的谏言奏疏立刻就送到了。于是侍臣问："韩休大人当上宰相后，陛下您都消瘦了，为什么不把宰相流放呢？"玄宗回答以"吾虽瘠，天下肥矣"，表示出对韩休的信任。这个故事《旧唐书·韩休传》中也有记载。①

明皇上马图

也作《明皇杨妃上马图》，宋代苏轼有题诗。其诗的前几句是：

开元天宝号太平，快活三郎偏纵情。

① 今核《旧唐书·韩休传》无载此事。按《新唐书·韩休传》载："帝尝猎苑中，或大张乐，稍过差，必视左右曰：'韩休知否？'已而疏辄至。尝引鉴，默不乐。左右曰：'自韩休入朝，陛下无一日欢，何自戚戚，不逐去之？'帝曰：'吾虽瘠，天下肥矣。且萧嵩每启事，必顺旨，我退而思天下，不安寝。韩休数陈治道，多讦直，我退而思天下，寝必安。吾用休，社稷计耳。'"著者误记《新唐书》为《旧唐书》。

帝闲天骥云雷驶，回首绝怜妃子醉[1]。

"三郎"指的是玄宗。"帝闲"的"闲"指的是马厩，也就是皇帝的御厩。游宴过后酒醉的贵妃上马时踌躇不定。马的名字唤作"雷驶"[2]，其他还有叫作"玉花骢""照夜白"的名马。宋代的韩驹也有同名题画诗[3]。

明皇幸蜀图

这幅图描绘了玄宗一行人逃难蜀中的景象。在古代，唐代宗室成员、画家李思训的画作非常有名。宋代叶梦得在

---

① 今可见《苏轼集》无收录此诗。据清陈焯编《宋元诗会》、吴之振编《宋诗钞》，此四句诗乃南宋许月卿《题明皇杨妃上马图》的前四句。按明嘉靖十三年湛若水序刊本许月卿《先天集》卷一"长短句《题明皇杨妃上马图》"，"驶（駛）"字当作"駃"。"駃"通"快"，在该句中形容天骥之迅疾。清代以来传本将"駃"误为"驶（駛）"，著者亦沿袭传本之讹了。

② 按"雷駃"并非天骥之专名。该词所在诗句明刻本作"帝閑天驥雲雷駃"，写皇帝娴熟驾驭天骥骏马如云雷般奔腾迅疾，句意节奏是"雲雷/駃"，而非"云/雷駃"。著者将"雲"字解释为"子曰诗云"的"云"，又以"雷駃（駛）"为马之专名，皆非是。

③ ［宋］胡仔撰《苕溪渔隐丛话后集》卷三十四载："苕溪渔隐曰：'子苍《题明皇上马图》云："翠华欲幸长生殿，立马楼前待贵妃。尚觅君王一回顾，金鞍欲上故迟迟。"余旧观《蔡天启集》中有此诗，竟谁作邪？'"（海山仙馆丛书本）

《石林避暑录话》中记载："方广不满二尺，而山川云物、车
辇人畜、草木禽鸟无一不具，峰岭重复，径路隐显，渺然有
数百里之势，想见为天下名笔。"[1]意思是说，尽管这是一幅
仅二尺见方的小品，却是不可多得的力作。不过，这里为了
回避"败逃"的主题，而画中又有宫女在道旁的瓜田里摘瓜

---

[1] 按叶梦得所言，他所见乃摹本："《明皇幸蜀图》，李思训画，
藏宗室汝南郡王仲忽家。余尝见其摹本，方广不满二尺……"据徐
时仪整理《避暑录话》此条有叶廷琯按语："宝山印康祚曰：思训之
卒，据《云麾碑》在开元中，不应及画《幸蜀图》，因疑画出李昭道
手。按文嘉《严氏书画记》载有摹本李昭道《明皇幸蜀图》，则印说
不谬，《录话》殆错记耳。"（［宋］叶梦得撰，徐时仪整理《避暑
录话》卷下，大象出版社，2019年）今台北故宫博物院藏有《明皇幸
蜀图》一幅，作者亦有李思训（据叶梦得《避暑录话》）、李昭道两
说。

的场景,于是因之称为"摘瓜图"。① 《长恨歌绘卷》② 中一行人在险峻的蜀道上行走的情景给人留下了深刻的印象。元朝释善住题为《明皇幸蜀图》的诗中这样写道:

> 鸟道横空翠色新,峡猿啼雨客沾巾。
> 岂知艳骨归黄壤,回首河山又属人。

这是一行人进入剑阁山的情形。听到山峡中的啼叫的猿声,人人为之落泪。杨贵妃早已在马嵬坡魂归黄土,长安也不幸沦落贼人手中。诗歌大意就是如此。

----

① 《避暑录话》卷下:"宣和间,内府求画甚急,以其名不佳,独不敢进。明皇作骑马像,前后宦官、宫女导从略备。道旁瓜圃,宫女有即圃采瓜者,或讳之为《摘瓜图》。"

② 按日本江户初期著名画师狩野山雪(1590-1651)根据白居易的长篇叙事诗《长恨歌》绘有《长恨歌图》一卷,今藏爱尔兰切斯特贝蒂图书馆(Chester Beatty Library)。该绘卷曾长期在该图书馆中国艺术品保管室存放,到上世纪六十年代方为日本学者内田良子发现。首开此卷研究的是川口久雄,他通过对画面的细密观察,梳理出图中各景所对应的《长恨歌》文本,在中日文学典故的寻绎与文学的引用比较上作出了重要的贡献。原画为卷轴装,全长20多米,分上下两卷,上卷从"汉皇重色思倾国"始,到"宛转蛾眉马前死"终,下卷从"君王掩面救不得"始,到"此恨绵绵无绝期"终。详参 [日] 狩野山雪绘、陈尚君解读《长恨歌图》,上海古籍出版社,2020年。

接下来，我想记录一些与杨贵妃相关的画卷。

杨妃春睡图

也题作《太真睡起图》或《太真春睡图》。元代应居仁、清代李调元等都有同名作品①。源自《长恨歌》中"春宵苦短日高起，从此君王不早朝"之句。元人吴景奎的《题太真睡起图》全诗如下：

> 兴庆池边花烂烂，清平调里思飘飘。
> 玉环睡起娇无奈，背立东风酒半消。

---

① 按应居仁、李调元二作皆为题该画之诗，非有同题画作。应居仁《题欧阳氏杨妃春睡图》："咸阳宫殿开东风，上林花发千树红。啼莺语燕弄白日，太真娇痴睡正浓。九华帐暖揎不掩，鬌髻钗横慵整点。翠衾薄笼冰雪肤，宝枕痕深红玉脸。三郎要与游阳台，蹴踱曳踵床前来。拥扶侍女逼卧侧，惺憁困眼初半开。画工会此无穷意，写向屏帷留后世。凭谁唤取春梦回，渔阳鼙鼓声如雷。"（收入元虞集校选《皇元风雅》前集卷六，此据杨镰主编《全元诗》第六十五册，中华书局，2013年）李调元《题杨妃春睡图》："华萼楼前春色阑，华清浴罢晓妆残。别宫昨夜闻宣唤，传道君王饮玉环。宿醒未解春眉蹙，扶归皂帐人如玉。带雨芙蓉起御床，正是海棠春睡足。宝钗斜坠绾乌云，金屏烟袅香氤氲。日移砖影随帘转，风动铃声隔院闻。那知鼙鼓惊春梦，香魂错认流莺啭。深宫异出锦绷儿，尘满渔阳万军阗。可怜剑阁雨淋铃，渭水东流不可听。一自长眠马嵬月，千载黄泉唤不应。"（见《童山集·诗集卷七》，函海本）

大意是"兴庆宫的龙池畔百花盛开、光辉烂漫。昨夜宴席上演奏的《清平调》曲令人心情摇荡。由于入睡过晚，玉环到现在才好不容易起身，但娇娇软软，无力支持。勉强背风而立，想要借此消解宿醉。"

太真教鹦鹉图

以及《杨妃调鹦鹉图》《玉环调鹦鹉图》等同题画作。开元年间，岭南进贡白鹦鹉，饲养在宫中。颇为聪慧，很快能识人言词。玄宗和贵妃都称它为"雪衣娘"，对它疼爱有加。经人驯熟后，即使放开它也不会离开御殿。如果教以诗篇，它即刻就能讽诵。玄宗和诸王进行围棋等活动时，一旦局面不利，贵妃就会呼唤"雪衣女"，这是很经常的事。雪衣女飞了过来，立刻用它的羽毛搅乱了棋局，让人分不清胜负。

一日，雪衣女停在贵妃的镜台上，开口说话："昨夜梦到被鹰抓住，我的寿命将就此终了了吗？"①玄宗听闻后对杨贵妃说："请教授它《多心经》吧。"贵妃用心教学，很快它就能记诵，并且仿佛一心要避祸一般，日夜诵读。但是有一天，贵妃和玄宗一同离开偏殿，让雪衣女停靠在步辇竿上，这时殿下受训的一只鹰突然飞来袭击雪衣女，将其食杀。玄宗和

---

① 《明皇杂录·逸文·雪衣娘》载："雪衣娘昨夜梦为鸷鸟所搏，将尽于此乎？"

杨贵妃悲痛异常，在苑中为雪衣女立冢，名为"鹦鹉冢"。

这个故事在《明皇杂录》和《杨太真外传》中都有记载。

画卷以杨贵妃教授雪衣女《多心经》为题材。元代的陈深等人对此有题诗[①]。

杨妃病齿图

元代宋无有题为《玉环病齿图》之诗：

> 一点春寒入瓠犀，海棠花下独颦眉。
> 内厨几日无宣唤，不向君王索荔枝[②]。

"瓠犀"是从"瓠瓜的种子"转化而来，形容"美人整齐白皙的牙齿"。"宣唤"指的是"天子的命令"。

诗意是"初春时寒意微露，便沁入了贵妃的贝齿。她在海棠花下忧愁地蹙起了眉头，忍受着牙痛之苦。宫中的膳房

---

① 陈深《内人臂白鹦鹉图》："华清宫中歌既醉，南海奇禽远争致。玉环最爱雪衣娘，当时曾得龙颜媚。璿房雕槛春日长，绣绷娇儿在傍戏。君王怜汝解语言，怀恩不说宫中秘。临风鸷鸟何轩轩，叹息纯良遭猛厉。苕翁写出当时事，侧立红衫内人臂。江花满地不忍看，空拂画图怜俊慧。"（见《宁极斋稿》，此据杨镰主编《全元诗》第十九册）

② "不向"，宋无《翠寒集》、清陈焯辑《宋元诗会》等皆作"不问"。

已多日没有收到进奉膳食的指示，贵妃也没有向玄宗提出想吃荔枝的请求"。

被称作"明眸皓齿"的杨贵妃，似乎也有蛀牙的烦恼。据尾联"不向君王索荔枝"，莫非是吃荔枝导致的牙齿问题？

以元代王恽题名、唐代周昉所作的图画为首，元代吴澄、萨都剌，清代的阮文藻等都有同题诗作①。笔者曾在《妇人公论》1991年11月号（中央公论社刊）上刊载了《病齿的杨贵

---

① 吴澄《题杨妃病齿图》："齿痛自颦眉，君王亦不怡。此病如早割，何待马嵬时。"（收入杨镰主编《全元诗》第十四册）萨都剌《华清曲题杨妃病齿》："沉香亭北春昼长，海棠睡起扶残妆。清歌妙舞一时静，燕语莺啼空断肠。朱唇半启榴房破，胭清红注珍珠颗。一点春酸入瓠犀，雪色鲛绡湿香唾。九华帐里熏兰烟，玉肱曲枕珊瑚偏。玉钗半脱翠蛾敛，龙髯天子空垂涎。妾身虽侍君王侧，别有闲情向谁说。断肠塞上锦绷儿，万恨千愁言不得。城都遥进新荔枝，金盘紫露甘如饴。红尘一骑不成笑，病中风味心自知。君不闻，华清宫，一齿作楚藏祸根。又不闻，马嵬坡，一身溅血未足多。渔阳一日鼙鼓动，始觉开元天下痛。云台不见汉功臣，三十六牙何足用。明眸皓齿今已矣，风流何处三郎李。"（《雁门集》卷三作《杨妃病齿图》，此据杨镰主编《全元诗》第三十册）阮文藻《题杨妃病齿图》："鹦鹉经声出帘底，海棠睡足阑干倚。沉香亭北噙寒泉，酸风射入瓠犀齿。饫眼金盘堆荔枝，闻香欲龋攒双眉。鞣车摇兀试轻扣，碧唾鲛绡凝一丝。半晌朱唇樱烂色，牙床困倚珊瑚侧。酥胸浅露诃子红，万恨千愁说不得。肯效人间龋齿妆，呻吟病蠚医无方。敲擂张果铁如意，堇汁曾试问三郎。"（见《听松涛馆诗钞·初桄集》，清道光十一年刻本）

妃》这一小文。这篇文章现在被收录在日本散文家俱乐部（日本エッセイスト·クラブ）编，1992 年精选散文集《明治的棒球》（92 年版ベスト· エッセイ集『明治のベースボール』，文春文库）中。荔枝之外还有哪些导致蛀牙的原因，如果有感兴趣的读者愿意了解的话，我将不胜荣幸。

贵妃出浴图

唐代人物画大家周昉的作品。不必多言，这是本自《长恨歌》中"春寒赐浴华清池"一句。清代蔡复午有同题诗作①。

除此之外，还有不少玄宗、杨贵妃相关的画题。例如《明皇夜游图》《明皇击梧桐图》《明皇私语图》《明皇听笛图》《贵妃夜游图》《太真玩月图》《杨妃醉卧图》等。此外，描写杨贵妃三个姐姐出游的《虢国夫人游春图》（传张萱笔）也是名作。

在日本人所绘制的作品中，江户时代有驹井源琦、谷文

---

①蔡复午《题太真出浴图》："兰房睡足香风转，小滴珍珠春水满。宝钗倭堕髻盘鸦，洗出凝脂红玉暖。宫样双蛾画未成，玲珑雾縠五铢轻。念奴巧会官家意，手卷冰盘花下迎。怪底雪衣学语娇，新凉纨扇试琼萧。水亭风露愁渐冷，且图宴饮穷今宵。可怜剑阁归来路，铁骑尘生汗如雨。夜月华清未返魂，波心剩有鸳鸯舞。"（见《西碛山房诗文录·诗录下卷》，清道光十二年蔡成辂刻本）

晁、良尚亲王等人的《杨贵妃》;明治以后,中村岳陵的《贵妃赐浴》、吉村忠夫的《浴》、上村松园的《杨贵妃》、小林古径的《杨贵妃》等画作也皆为世人所知。

第八章

杨贵妃与文学

杨贵妃与中国文学

长恨歌传

作者是唐代陈鸿。贞元年间（785-805）人，与白居易（乐天）为至交。据他自述，元和元年（806）十二月，他与白居易、王质夫等人前往长安西边的仙游寺，从寺僧那里听闻了杨贵妃的故事，颇受感动，据说王质夫劝白居易为这个故事作诗即《长恨歌》，陈鸿又在白居易的授命下为此歌作了传。《长恨歌传》与《长恨歌》诗一起广为传诵。

杨太真外传

宋初著作佐郎乐史的作品。乐史，字子正，后累进太常博士。本书分为上下两卷。以《明皇杂录》《长恨歌传》《安禄山事迹》《开元天宝遗事》为材料而成书，讲述了杨贵妃一生的故事。

唐明皇秋夜梧桐雨

杂剧之一。作者白仁甫是金朝遗老,元仁宗皇庆年间(1312-1313)去世,享年87岁。题目取自《长恨歌》"秋雨梧桐叶落时"之句。通常称为《梧桐雨》。整体以《长恨歌》为基,戏剧的最后描写了从蜀郡归来的玄宗在梦中与贵妃相会,却被落在梧桐叶上的雨声惊醒的故事。

长生殿

清代戏曲。康熙年间(1662-1722)国子监生洪昇所作。与孔尚任的《桃花扇》并称为清代戏曲的杰作。洪昇,钱塘人,字昉思,号稗村。康熙四十三年(1704)殁,年五十九。复旦大学章培恒教授著有《洪昇年谱》。

这个作品上下卷合为五十出,康熙十八年(1679)成书,在宫中表演后流行起来。在《长恨歌》的基础上,网罗了许多逸事逸闻而成。

隋唐演义

明代演义小说中有一部《隋唐志传》,清朝康熙十四年(1675)长州人褚人获改订后命名为《隋唐演义》。据说原本是罗氏创作、林氏纂辑的。

元曲《梧桐雨》插图

全书共一百回，始于隋主伐陈公主[①]，包括杨贵妃在马嵬被杀，玄宗命道士寻找她的魂魄，发现贵妃是炀帝爱妃朱贵儿的化身等故事情节。

贵妃醉酒

一名《百花亭》。作者未详。

一日，玄宗与杨贵妃约定在百花亭举办酒宴。于是这天，贵妃命斐力士和高力士二人好好准备，却始终不见玄宗驾临，不久她才得知玄宗已到江妃的西宫去了。

戏剧讲述了疯狂嫉妒的杨贵妃对着两位力士自暴自弃地饮酒，表现出各种各样醉态的故事。由原作者不详的昆曲《醉杨妃》改编成京剧，因梅兰芳的表演而闻名。贵妃口衔酒杯，跳折腰舞的情节被认为是此剧的压卷场面。

下面介绍关于玄宗和杨贵妃的唐诗二首、宋诗一首。

古行宫　元稹

寥落古行宫，宫花寂寞红。

白头宫女在，闲坐说玄宗。

元稹，字微之。中唐诗人。与白居易为至交，并称"元白"。

---

① "陈公主"或为"陈后主"之讹。

贵妃醉酒（苏州年画　著者藏）

"寥落"是清静空虚的意思。"古行宫"指华清宫。

曾经富丽堂皇的华清宫，如今已然完全衰败了。宫殿里的红花依旧绽放，但门内却寂静无声。红颜老去的白头宫女们无所事事地闲坐着，反复讲述开元、天宝之时玄宗皇帝的盛世。

梨园弟子　白居易

白头垂泪话梨园，五十年前雨露恩。

莫问华清今日事，满山红叶锁宫门。

　　白居易长庆二年（822）所作。距离玄宗治世的最后一年——天宝十四载，也有六十多年了。梨园弟子是玄宗培养的宫廷乐人。

　　白发苍苍的昔日梨园乐人，流着眼泪谈起往事。五十年前，玄宗皇帝的慈爱如雨露般深厚。如今的华清宫万物萧条，请不要再打听了。满山红叶映衬中，宫门始终深锁紧闭。

杨妃　真山民

三郎掩面马嵬坡，生死思深可奈何[①]。

瘗土驿傍何足恨，潼关战骨不埋多。

　　真山民乃宋末进士。宋亡后行踪不明。生卒年不详。

　　三郎指的是玄宗。玄宗掩面，马嵬坡下埋葬着贵妃的骸骨，但这还有什么可恨的啊？那些因潼关战败，散落在战场烟墟中的士兵们的尸首大多无人掩埋，就这样曝露荒野，任其枯朽。

---

　　① "思深"，《真山民诗集》《皇元风雅》皆作"恩深"。

杨贵妃与日本文学

《枕草子》中有"文是：《文集》、《文选》"①的记载。《文集》自然是指白乐天的《白氏文集》，其中收录了《长恨歌》。平安时代的贵族知识分子们爱读《文集》中的《长恨歌》，借由它而醉心于杨贵妃的故事。

显而易见，《源氏物语》的《桐壶》一卷从开篇就以《长恨歌》的"汉皇重色思倾国"为基础来提笔。

话说从前某一朝天皇时代，后宫妃嫔甚多，其中有

① 此据日文直译。《枕草子》的版本系统较为复杂，目前学界认为最接近清少纳言原貌的三卷本《枕草子》第一九八段"文"作"文（ふみ）は 文集。文選。新賦。史記。五帝本紀。願文。表。博士の申文（もうしぶみ）"。而林文月及周作人译本所用之底本皆出自能因本系统，作"文は 文集。文選。博士の申文。"（林文月译本之一九三段；周作人译本之一七三段，见周作人译《枕草子》，浙江文艺出版社，2018 年）。《枕草子》中的一些内容用的是杂纂式文体，如从"奥ゆかしさ（优雅有致之事）"到"見物（值得参观的）"之间的 17 则，都是列清单式的写法。此段"文"指汉字所写的诗文，不包括日本的作品。列举了清少纳言心目中最重要的几种代表性文章，"《文集》"，即白居易《白氏文集》；"《文选》"，即南朝梁萧统编《昭明文选》。

一更衣，出身并不十分高贵，却蒙皇上特别宠爱。①

下面一节也有将受皇帝宠爱的桐壶更衣比作杨贵妃的地方。

皇上越发舍不得她，越发怜爱她，竟不顾众口非难，一味徇情，此等专宠，必将成为后世话柄。连朝中高官贵族，也都不以为然，大家侧目而视，相与议论道："这等专宠，真正教人吃惊！唐朝就为了有此等事，弄得天下大乱。"这消息渐渐传遍全国，民间怨声载道，认为此乃十分可忧之事，将来难免闯出杨贵妃那样的滔天大祸来呢。

此外，其他卷目中也可以看到有与《长恨歌》相对应的地方，这一点前人已经反复言及了。

再有如《大镜》《更级日记》《和汉朗咏集》《浜松中纳言物语》《俊赖无名抄》《今昔物语》等书中，也随处可见《长恨歌》的影响，以及与杨贵妃故事的呼应。

进入镰仓时代，以军记物语《保元物语》《平治物语》《平家物语》《源平盛衰记》为首，包括《唐物语》《十训抄》等等，也有很多与《长恨歌》相关的记述。

————————

① 此处用丰子恺译本（［日］紫式部撰，丰子恺译《源氏物语》，人民文学出版社，2015年），下同。

　　室町时代的历史物语《太平记》中，也能再三看到与《长恨歌》世界的关联。该书卷三五《北野通夜物语之事》条的记载如下：

　　　　唐玄宗有兄弟二人。哥哥是宁王，弟弟是玄宗。玄宗即位后，好色之心愈重，敕令天下寻求如花美眷，而后宫三千佳丽争先用金翠粉饰面容，却得不到天子再度回眸。此时传闻弘农杨玄琰之女，后称为杨贵妃，是个美人。养在深闺，人未识之。天生丽质，人间难觅。有人做媒将她进奉宁王府中，玄宗听闻，派遣将军高力士于路中夺取，送入后宫侍奉。尽管宁王万般不愿，但玄宗虽是弟弟却以天子身份行事，他也无能为力。宁王亦同在宫中，每有御游，自玉几帐外金鸡障隙得见贵妃之姿，笑颜一展，金谷千树之花皆羞于色，随暴风四散；乍见其面容，银河万里的明月也自惭形秽，沉入五更的雾色中。事态尚未发展到如此严重的地步，怎么就香消玉殒了呢？宁王不堪思念，卧床悲叹，伤心欲绝。

　　明明是玄宗召见了儿子寿王的妃子，在这里却将此说成是召见了玄宗兄长宁王的妃子杨贵妃，并将宁王的心境说成"不堪思念，卧床悲叹，伤心欲绝"，寄予了同情。

　　另外卷三七《畠山入道道誓谋叛之事》条，对杨贵妃的出生作了如下粉饰：

此时传闻弘农杨玄琰之女名曰杨贵妃，是个美人。她是其母在杨树荫下午睡，枝条上残余的露水密集垂落下来，宿在胎中所生，丝毫不似人间所有。仿佛是仙人化身凡间。红颜翠黛原来是天生丽质，不必借琼粉金膏装饰容色。为汉代李夫人作画的画工若要画她也会疑怪笔力不及，为巫山神女作赋的宋玉若要赞美她，也会因言辞拙劣感到惭愧吧。

此外，《曾我物语》卷二第六篇"玄宗皇帝之事"条中，杨贵妃是热田明神的化身的故事，在前文已经有所说明了。

谣曲①中也有《皇帝》与《杨贵妃》。

《皇帝》中，童角（子方）＝杨贵妃，胁（即配角）＝玄宗，仕手（即主角）＝钟馗的幽灵。地点是长安的宫殿。写的是钟馗传说，题目也叫《明王镜》《玄宗》。

《杨贵妃》中，胁＝方士、仕手＝杨贵妃，地点是常世国的蓬莱宫。讲的是方士前往蓬莱宫找寻杨贵妃的故事。内容带有哀愁，其中一节如下：

胁　几经周折细打探，终到蓬莱宫。宫殿蜿蜒不见

---

① 谣曲，日本古典歌舞剧"能"的台本，或简称谣。能是中世纪的室町时代在猿乐（类似中国唐代的散乐）的基础上经过改革、提高而创造出来的综合性舞台艺术。

边际，庄严巍巍仿若十宝镶嵌。

汉宫万里之妆，骊山长生之貌，更无法与其比肩。啊，真是个美丽的地方！经人指点，巡视宫中，太真殿入眼帘，待我先四处查看一番再说。

仕手　往昔骊山春满园，你我赏花共欢颜。如今时去境亦迁，蓬莱仙洞秋色晚。孤身只影望清月，泪湿花容沾衣袂。叹情事悠悠渺远。

胁　大唐天子敕使方士至此参拜。敢问玉妃可在此处？

仕手　大唐使者？为何来此？我急忙掀起九华帐，挑开玉珠帘。

胁　拜见贵妃娘娘！

仕手　云鬟展。

胁　花颜现。

仕手、胁　玉容寂寞泪阑干。

地上歌　梨花一枝春带雨，春带雨。太液芙蓉未央柳，亦不及。六宫粉黛无颜色，无颜色。

胁　感慨万千，不知从何说起。且说娘娘尚居后宫时，陛下便疏于朝政。况娘娘仙逝后，陛下整日忧叹，如今也病势沉重。此番奉旨前来寻访，觅得娘娘芳踪，足见陛下对娘娘一片深情厚意，亦更令人悲伤。

仕手　如你所言，苦苦探访我虚无缥缈、宛若露水的灵魂，此举看似情深，实则只能是：更令人徒增悲伤。既是阴阳两相望，莫不如音讯渺茫，何必空空两相思。

且以这思念之泪，冲去对阳间眷恋的魂灵。①

江户时代有假名草子②《杨贵妃物语》。图文并茂的刊本出版于宽文三年（1663）。另有《长恨歌绘入抄》，是日语《长恨歌》解说，并配有插图。笔者曾目见一书在故事的末尾写有"据说此文章乃逍遥院实隆公御作"。"逍遥院"就是室町末期的公卿、学者三条西实隆。该书有延宝五年（1677）名曰易亭主人的跋为记年。

安藤野雁在元治元年（1864）创作了《长恨歌》的句题和歌。野雁是奥州岩代人，幕府末期的歌人、国学家。列举两首如下：

　　梨花一枝春带雨のこころを
　　忘られぬそのおもかげに似たるかな
　　しをれて匂ふ花のひとえだ

---

① 著者引用谣曲时似有所删节，此据著者原文翻译。相关谣曲的更完整版本可参见《日本谣曲选》（［日］世阿弥等著，王冬兰、丁曼等译，吉林出版集团有限责任公司，2015年）。

② 假名草子是兴起于日本17世纪初到17世纪80年代的一种通俗文学作品，体裁以小说物语为主。因这类小说全用假名写成，所以叫假名草子。假名草子的读者广及妇女儿童，题材包括恋爱故事、佛教故事、笑话及日本、中国、印度的传说。

咏"梨花一枝春带雨"

这难以忘怀的容颜

便如雨打后枯萎褪色的花枝

翡翠衾寒誰与共

たれと又た語りあはせむ二人ねて

みしや昔のはるの夜のゆめ

"翡翠衾寒谁与共"

又与谁同语共眠

曾记否，旧日春夜梦

接下来列举涉及杨贵妃的古川柳。

双六のそばに荔枝のうづ高き

美しい顔でれい枝をやたら食ひ

荔枝高累砌，旁倚双六美人儿，忘我大嚼食

　　双六从印度传入中国，流行于唐代，又传入日本。尤其
在江户时代，成为了广大平民的娱乐活动，正月里，"卖双
六"（日本的"绘双六"）从元旦到松之内①在街上到处可见。

---

　　① 松之内（まつのうち），指新年门前饰有松枝期间（元旦到一月
七日或十五日）。

尽情玩乐时将食物放在手边是女孩子的乐趣，唐朝的杨贵妃亦是如此，因为她喜欢荔枝，所以才会把它堆成山吧。还顶着那张美丽的脸吃得恣肆狼藉，直至餍足。

　　禄山と書いて荔枝の送り物
　　禄山字样儿，圆滚荔枝身上书，乃进贵妃物

　　据说安禄山不遗余力地讨好贵妃，那么这样的事他一定会做吧。"写着'禄山'字样"这一点很有意思。但是禄山的任地是北方的范阳，那里并不出产荔枝。

　　お母さんなどと禄山貴妃に云ひ
　　母亲大人啊，禄山朝贵妃叫道

　　安禄山说想要成为贵妃的养子，得到了准许，所以说了这样的话。

　　美しい顔で楊貴妃ぶたをくひ
　　虽容色倾城，杨贵妃亦大嚼猪肉

讨厌吃肉的江户人①，想像中国人杨贵妃吃猪肉的样子就觉得烦腻。与"啼声优美的杜鹃鸟在吃蜥蜴"（**あの声でとかげ食らふかほとゝぎす**）（其角②）异曲同工。

玄宗はおむく紂王はきやんが好き
玄宗喜爱纯洁的少女，纣王偏好魅惑的妖姬

"**おむく**"是"**おきゃん**"的对语，表示天真烂漫、袅娜纤弱的纯洁少女。"**おきゃん**"的"**きゃん**"是"侠"的唐音。少女过于活泼轻率，就是"疯丫头"（**おてんば娘**）。妓女有以清纯型（**おぼこ型**）为卖点的，也有以活泼型（**おきゃん型**）为卖点的。客人也各有喜好。玄宗总的来说喜欢清纯型的杨贵妃，殷（商）纣土比较偏好搅起暴动还若无其事的妲己，对比两人的喜好，很有意思。一般把川柳中的"**おむく**"理解为"肥满型的女人"，但从句意以及与"**おきゃん**"的相对关系来看，并不

---

①公元675年，日本天武天皇颁布《肉食禁止令》，规定"莫食牛、马、犬、猿（猴）、鸡之肉，以外不在禁例，若有犯者罪之"，这与佛教传入有关。直至明治天皇于1871年颁布《肉食解禁令》才废止。因此日本社会主流意识中长期奉行"肉食者鄙"的观念。

②宝井其角（1661—1707），日本江户时代前期的俳谐师，松尾芭蕉蕉门十哲之一。延宝年间（1673—1681）初，由父亲的介绍，进入松尾芭蕉的门下学习俳谐。首先，以母亲的榎本姓为名，后来自己改为宝井。

通顺。我想胖妇与"おきゃん"的对仗总是很少见的。另外，也有人把"おむく"解释为"寡言""沉默"，我认为也是不恰当的。

三ツ股と馬嵬和漢のおしい者

三叉与马嵬，日汉的悲情人物

吉源京町三浦屋的艺伎高尾被仙台藩主伊达纲宗赎身，但由于她还有个名叫岛田重三郎的爱人，便不愿跟从伊达纲宗，因此在隅田川的三叉（又名三股，日语同音）附近的船上被吊起来斩杀了。川柳中有这样一句："听到（高尾说）不愿意，把刀拔了出来"（あいいやでありんすを聞き抜き放し）。这虽是民间传说，但广为人知。日本的三叉、唐代的马嵬，都是薄命红颜的殒身之地。此川柳也有另一个版本："马嵬、三叉皆为伤心地"（馬嵬ヶ原と三叉は惜しいこと）。

むごい死にやう楊貴妃と高尾なり

残忍遭杀害，是杨贵妃与高尾的结局

此句与上文意趣相同。

たづねにくいは小督と楊貴妃

芳踪难寻觅，就是指小督和杨贵妃

　　据说，小督是高仓天皇的宠妃，但由于平清盛的女儿德子成为了皇后，在清盛的迫害下躲到了嵯峨野深处的柴庵里。天皇派近侍仲国前往她的藏身之处探访。八月十五的夜里偶然来到嵯峨野的仲国，听到了月下清亮的琴声，那是《想夫恋》。仲国心念一动，自己也横笛附和，循音而访，终于找到了小督。这个故事记载在《平家物语》卷六《小督事》中。玄宗也有派遣方士寻找杨贵妃魂魄之事，《长恨歌》中有"上穷碧落下黄泉，两处茫茫皆不见"这样遍地寻访的场面。"先上碧落寻贵妃"（楊貴妃を上へきらくを先づたづね）说的就是此事。两处寻访都不容易。

　　　　楊貴妃ももとかつがれた女なり
　　　　杨贵妃原来是被诱拐的女子啊

　　"かつぐ"表示诱拐妇女。指的是对方女性也同意的情况下离开父母膝下。有这样的说法："私奔常常在夜晚发生"（かつがれる宵にしばしばうらに出る）。因为杨贵妃也是从寿王那里被玄宗强取而来的，"完完全全就是被诱拐的女子啊"（もともとはかつがれた女）。江户人早就心知肚明了。

　　　　楊貴妃はろくな一家はもたぬなり
　　　　杨贵妃没有遇上像样的家人

从穷奢极欲的三姐妹，到最后被天罚的杨国忠等人，这个因家人堕落而不得善终的女子令人同情。这首川柳是将杨贵妃放在一个受不务正业的兄弟所害而被迫成为妓女的姑娘的处境上来看待。

やまと言葉はおくびにも貴妃出さず

楊貴妃はもと神州のまはし者

大国の美人尾張へ跡を垂れ

玄宗は尾張詞にたらされる

日本に構ひなさるなと貴妃はいひ

唐の人魂を日本でめつけ出し

日本的文字里只字不提贵妃

杨贵妃原是我神州的间谍

大国美人在尾张显迹

玄宗在尾张以言词引诱

贵妃说请不要干涉日本

在日本发现了唐人的灵魂

这些川柳都是从杨贵妃是热田明神化身的传说中诞生的。"たらす"的意思是"用花言巧语引诱"。最后一句指的是方士拜访热田神宫的春敲门，得见杨贵妃之事。

明治以后的作家中，还有不少人写过有关杨贵妃的作品，在此介绍三上於菟吉的《贵妃行状》（《大众》第40卷，平凡社，1927年刊），以及菊池宽的《玄宗的心境》（《中央公论》，1922年九月号）。

《贵妃行状》围绕杨贵妃和荔枝的相关故事展开，描写了杨贵妃在玄宗身边的日常生活。现在把开头非常优美的一段展示出来：

> 大唐天宝五年正月的一个早上，玄宗皇帝在华清宫的园亭摆了一桌早膳。习惯了睡到日上三竿、在后宫的锦帐里传召御膳的皇帝，今晨却特地在苑林泉桌前的亭子里摆宴，这是有原因的。
>
> ——天方微亮，在凌晨冰天雪地的寒气中，一阵马蹄响彻宫城，到来的是一辆四匹马拉的车。乘车的是一个名叫马烈的官员，他从遥远的岭南地区千里急行而来，献上了这个季节罕见的珍果。这位男子奉敕命于去年晚秋离开帝京，寻找季节已过的荔枝，整整四个月——这四月间连一天、一个时辰的时间都没有休息过，乘着驿传马车从北到南，从南到北地往返，终于完满完成了君命回到帝都。
>
> 皇帝为了这几颗果实就让这位可怜的官员踏上如此艰难的旅程，这并非他一时心血来潮。那只是源于一个美丽女子瞬间的欢笑燃起的购买欲求。

年轻时被誉为明皇的玄宗，很快就用青春血液填满了他衰老的胸膛——杨贵妃是如此魅惑动人，甚至于成为世人嗤笑、百姓哀叹的对象；也因为她是女人，才保有几个女人都有的无伤大雅的嗜好。她对水果的不同寻常的喜爱——尤其是对荔枝的偏爱就是这样一个例子，而她还是个稀世美妃，这更让人觉得有趣。

菊池宽的《玄宗的心境》是戏曲。登场的人物如下：

玄宗皇帝——年过六十的老天子

杨贵妃——年三十七，貌美，不过她的美貌还不至于让日本演员感到巨大的幻灭。容色丰艳，但衰颓之色渐显

杨国忠——右丞相、杨贵妃之兄

秦国夫人、韩国夫人、虢国夫人——皆受封大国，杨贵妃的姐妹

高力士

陈玄龄

其他许多不重要的人物

时间及地点——天宝十五年六月

距长安百余里、名为马嵬的寒碜驿站

故事内容涉及马嵬事变。主题是直面"杨贵妃之死"的

"玄宗的心境"的变化。现在呈现其结尾的场景。

　　杨贵妃　陛下，臣妾拜别。(向众宫女) 诸位，再见了。陈玄龄！让士兵们看看，大唐国的妃子是如何美丽地、英勇赴死的。

　　(杨贵妃、陈玄龄、高力士同下)

　　玄宗　(目送他们离去) 啊，谁来扶我一扶，我要晕倒了。

　　(玄宗在侍臣们的搀扶下，低头不语。看得出他正忍受着强烈的痛苦。士兵们的声音如惊涛般高涨，过了一会儿，突然传来"皇帝万岁!"的声音)

　　侍臣甲　(走上前) 杨贵妃娘娘已经慷慨赴死。高力士大人说想看一眼娘娘的骸骨。

　　玄宗　(痛苦渐渐消失) 既然想要见一面，好吧。这也是她所愿意的吧。将她的坟墓埋在地下深处吧。

　　侍臣甲　是。(奔驰而去)

　　("皇帝万岁"的声音如潮水般汹涌而来。玄宗一直侧耳倾听着。高力士出场)

　　高力士　(蹲跪在玄宗面前) 娘娘去得很体面。看来兵士们也有所动容，纷纷解甲谢罪了。

　　玄宗　(面色微微发白) 是吗?

　　高力士　陛下心中的痛苦难以诉诸言表啊。

　　玄宗　(默然……)

　　高力士　陛下心中深切的悲叹，我都感受到了。

玄宗　（默然……）

高力士　您的悲痛，我都感受到了。

玄宗　（苍白的脸色渐渐恢复。声音平静而深沉）嗯。当然，很悲伤。但，和想象的不太一样。

高力士　是啊!

玄宗　原以为她要是死了，我就没有活下去的意义了，可我也不想就眼睁睁地看着她死去。悲伤是悲伤，但感觉十年来压在心上的重担仿佛一下子消失了。忍不住想伸展一下手脚。

（兵士们渐渐靠近，其中有十个人像是队长，走上前来）

队长们　皇帝陛下万岁!

玄宗　（若有所失地微笑着，向他们点头，之后对高力士）虽然我的心情不值得他们高呼万岁，但也不值得你担心。解脱了，也不是没有那种淡然的感觉。上车吧。时间过得真快。高力士，你也上这辆车吧! 突然一个人，果然有些寂寞。

高力士　是。

（高力士上车。车身动了。"皇帝万岁"的呼声又一次响起）幕落。

后记

　　先师大野实之助先生的《杨贵妃》是在 1969 年出版的。
这是没有类似书籍的时代的先驱性力作。我那时刚成为早稻
田大学的全职讲师，至今二十多年的岁月转眼间就过去了。
当时我在春秋出版社的宣传杂志《春秋》上刊登了一篇题为
《论杨贵妃的姿态》的小文，兼作老师的这本书的宣传。文中
引用京都泉涌寺的杨贵妃观音等材料，考证了杨贵妃究竟是
哪种类型的美女。

　　数年前，（日本）全国汉文教育学会策划了"与村山先生
同行中原之旅"。我出乎意料地担任了团长，与众人一同前往
洛阳、西安。行程中也加入了在马嵬的杨贵妃墓。临行前，
已故大野先生的家人委托我能否将他的遗著供奉到杨贵妃的
墓前。我欣然应允。马嵬现在位于陕西省兴平市。那时还非
常乡下，在玉米田绵延的埂道上，穿着蓝色人民服的农家青
年，肩上扛着重物篮子，就这么赤脚走在路上。

　　大野先生的书题字、版画都来自畦地梅太郎，而且是函
套装帧的华美之本。第一次拜谒杨贵妃墓的我，在先生逝去

后抱着这本书千里迢迢来到马嵬，感慨颇深。

如本书正文所述，1991年我在《妇女公论》上写了一篇名为《病齿的杨贵妃》的随笔。古已有之的"杨妃病齿图"这一罕见画题引起了我的兴趣。这篇随笔被日本随笔家俱乐部选为"1992年精选散文集"之一。就在那时，《中公新书》的石川昂先生来找我说："要不要写一写杨贵妃？"但接受这珍贵机会后两年间什么也没做。上一年度（1995）我还去了中国，花了一年时间在北京大学和上海复旦大学进行在外研究。不过，在北京大学勺园的宿舍里我认识了年轻的留学生森部丰君（现关西大学文学部教授），他把他的专业"唐代藩镇"的最新研究成果简明易懂地介绍给了我。这很好地刺激到了我。而且我在北京逗留期间曾深入走访的北京市周边，正是安禄山曾经的根据地范阳的故址。市内牛街附近的法源寺里有史思明所立的"无垢净光宝塔颂碑"。纪年为至德二载（757），文末刻有"御史大夫史思明奉为"的字样。这块碑是为肃宗而造的，当时史思明暂时归顺了唐朝。

安史之乱是杨贵妃故事的高潮。号称"蕃汉十五万"的安禄山大军从这里如怒涛般向长安进发。我把这些往事的情形像画卷一样在脑海里描绘着，日子就过去了。

今年四月回国，利用八月的暑假一口气完成了约定的初稿。我真诚地感谢石川先生，他耐心地、温和地等待着想做才做的我。

因为我想要做"写字的工匠"到底，打字机之类的文字处理器连一眼都没有看过。只是用廉价的笔一个字一个字地写在原稿纸上，每个字还都是歪的。我很抱歉给帮忙排印文稿的人添了很多麻烦。

另外，本书《目次》之后所附《杨贵妃画像》，是那年"三峡之旅"时，在当时隶属四川省的重庆买到的。因为考虑到四川是杨贵妃的故地。画赞是"回头一笑百媚生 六宫粉黛无颜色"。不用说，这是《长恨歌》中的一节。旁边的文字是"壬申年十月黛林学写"。

一九九六年晚秋于冬藏书屋

村山吉广

玄宗·杨贵妃略年表

主要事件

贞观二十三年　太宗崩，高宗即位

永徽六年　废王皇后，立武后

弘道元年　高宗崩，中宗即位

垂拱元年　玄宗（李隆基）生

天授元年　武后即帝位，改国号为周

长安四年　武后卧病

神龙元年　宰相张柬之兵谏，武后退位，中宗复立

唐隆元年　韦后毒杀中宗。太平公主、李隆基举兵，杀韦后、安乐公主，睿宗复位

太极元年　玄宗即位

先天二年　玄宗处死太平公主

开元七年　杨贵妃（玉环）生

十一年　宇文融实施"扩户政策"

二十三年　杨玉环册封为寿王妃

二十五年　李林甫流放张九龄，武惠妃薨

二十八年　玄宗于温泉宫召见杨太真（玉环）

二十九年　安禄山任营州刺史

天宝元年　安禄山任平卢节度使

二年　安禄山入朝

三载　安禄山任范阳节度使

四载　册立杨太真为贵妃，韦昭训之女为寿王妃

七载　封贵妃姐妹三人为韩国夫人、虢国夫人、秦国夫人

十一载　宰相李林甫没，杨国忠任宰相

十二载　鉴真和尚渡日

十四载　十一月，安禄山反。十二月，洛阳陷落

天宝十五载、至德元载　正月，安禄山于洛阳即位，称大燕皇帝。六月九日，潼关被破。

六月十三日，玄宗幸蜀。六月十四日，杨贵妃死于马嵬坡。七月，肃宗于灵武即位。七月二十八日，玄宗到达蜀郡。

至德二载　正月，安禄山为其子安庆绪所杀。郭子仪求助于回纥。九月，收复长安。十月，收复洛阳。十月二十三日，肃宗还幸长安。玄宗于此日从成都出发，十二月丙午日，抵达长安。

乾元二年　九节度使围困邺城。史思明自范阳南下救出安庆绪。史思明处死安庆绪自立，称应天皇帝。

乾元三年、上元元年　七月，李辅国移玄宗于西内。九

月，史思明攻陷洛阳。李辅国流放高力士至巫州。

上元二年　史思明被其子朝义所杀。三月，史朝义即皇帝位。

上元三年、宝应元年　四月，玄宗、肃宗相继崩逝。代宗即位。十月，唐军再度收复洛阳。史朝义兵败逃往北方。

广德元年　史朝义于河北温泉栅自尽，安史之乱终结。

资料与文献

参考资料（仅列举主要的）

《旧唐书》二百卷。五代后晋刘昫等撰。

本纪第八、第九《玄宗本纪》，本纪第十一《肃宗本纪》。

列传第一《后妃上》 玄宗废后王氏、贞顺皇后武氏、杨贵妃。

列传第二《后妃下》 元献皇后杨氏、肃宗张皇后。

列传第五四《高仙芝·封常清·哥舒翰》

列传第五六《李林甫·杨国忠·陈玄礼》

其他列传第五七《玄宗诸子》庶人瑛、寿王瑁等，列传第六○《李光弼》，列传第七○《郭子仪》，列传第七八《颜真卿》，列传第一三四《宦官》高力士、李辅国，列传第一三七《忠义·颜杲卿》，列传第一五○《安禄山·史思明》。

《新唐书》二百二十五卷。宋欧阳修等撰。

　　本纪第五《玄宗皇帝》等相关记事。

《资治通鉴》二百九十四卷。宋司马光撰。

　　《唐纪》十六-十九 高宗，二〇-二三 则天武后，二四-二五 中宗，二六 睿宗，二七-三三 玄宗，三四-三八 肃宗，三九-四二 代宗。

《唐鉴》二十四卷。宋范祖禹撰。

《长恨歌传》一卷。唐陈鸿撰。

《安禄山事迹》三卷。唐姚汝能撰。

《唐国史补》三卷。唐李肇撰。

《明皇杂录》二卷。唐郑处海撰。

《次柳氏旧闻》一卷。唐李德裕撰。

《开天传信记》一卷，唐郑棨撰。

《开元天宝遗事》四卷。五代王仁裕撰。

《杨太真外传》二卷。宋乐史撰。

《梅妃传》一卷。宋无名氏撰（一说唐曹邺撰）

《马嵬志》一卷。清胡凤丹撰。

参考文献

《杨贵妃》大野实之助著。1969年9月，春秋社。

《杨贵妃》小尾郊一著。1987年1月，集英社刊。

《杨贵妃传》井上靖著。1965年8月，《中央公论》社刊。

现收入讲谈社文库。

《杨贵妃后传》渡边龙策著。1980年9月，秀英书房刊。

《安禄山与杨贵妃》藤善真澄著。1984年10月，清水书院刊。

《长恨歌与杨贵妃》近藤春雄著。1993年6月，明治书院刊。

《长恨歌研究》远藤实夫著。1934年9月，建设社刊。

《大都长安》室永芳三著。1982年5月，教育社刊。

《续日本纪》三（新日本古典文学大系14）。1992年11月，岩波书店刊。

《唐代长安与西域文明》向达著。1957年4月，北京：新华书店刊。

《唐玄宗传》许道勋、赵克尧著。1993年1月，北京：人民出版社刊。

《杨贵妃传说故事》何光前、吴裕禄、赵剑共编。1988年6月，陕西旅游出版社刊。

《唐代长安宫廷史话》马得志、马洪路共著。1994年10月，新华出版社刊。

《元白诗笺证稿》陈寅恪著。1955年9月，文学古籍刊行社刊。

学术文库版后记

本书于1997年2月收入《中公新书》。此后有过几次小小的杨贵妃热,使得本书长期处于绝版状态,在旧书店的书架上也几乎难得一见。由于身边的熟人屡屡提起,这次得以由学术文库重新刊行,我倍感荣幸。同时对负责推动此事的讲谈社文艺部原田美和子小姐的厚意表示衷心的感谢。

正如副标题"大唐帝国的荣华与灭亡"所写的那样,本书不单单是记述杨贵妃的生活轨迹和人物形象,还有志于对这个生动活现的盛唐时代之历史、文化、社会作细致入微的描写。

被称作"大唐帝国"的唐王朝,其支配体制广及周边诸国,都城长安被誉为百万都市,不仅可以随意往来,还为定居的西域人建造了居住区。日本反复派送遣唐使,拼命地学习唐的制度和文化。当时还没有季风的知识,遣唐使的船只在渡航的过程中遭遇台风,在海上四分五裂,人财伤亡惨重。这是成功率只有六成的悲惨交流。

　　不过吉备真备、高向玄理、空海、最澄等人都平安无事地回国了，他们的成果得到了最大程度的发挥。还有像阿倍仲麻吕那样，留在了他乡，得到皇帝的信赖，位极人臣的例子。也有像留学僧辨正那样的人，因为围棋下得好，被当时还是王子的玄宗当作对手，受到优待，身为僧人却拥有妻子，在他乡终老一生。另外，辨正的的五言绝句《在唐怀日本》[1]，被收入我国最古老的汉诗集《怀风藻》中，声名远扬。

　　说到诗，正如本书正文所述，玄宗时代是诗史上李白、杜甫等人活跃的"盛唐"时代。但自玄宗从蜀地还幸后，文运渐衰，唐朝政治上再也没有迎来如"开元之治"一般的盛世，反而长期趋于低落一路，最终走向了灭亡。为了平定安禄山之乱而求助回纥、吐蕃，却受到他们的轻视，造成了河北被回纥攻取，甚至都城长安都被吐蕃侵占的局面。

　　本书也从这一点出发，从一代美人杨贵妃的故事，进一步扩展到广阔的历史剧曲。封面图画选择的是上村松园所绘的《杨贵妃》，为了看到它我拜访了松伯美术馆，这大概是十多年前的事了吧。这幅画为绢本，二曲一只[2]，是幅大得出乎意料的作品。松园在随笔《青眉抄》中写道："画美人图，最

----

　　[1] 也作《在唐忆本乡》。收入陈尚君辑校《全唐诗补编·续拾卷十》，中华书局，1992年。

　　[2] 指单个的屏风，一面为两折。

难画的就是美人的眉毛了吧。（中略）我屡屡体会到，只是一支笔所牵引出的线条粗细就能影响整张脸。"这幅作品将贵妃赐浴后慵懒惬意的风情展现得淋漓尽致，侍女隐隐地藏身在中国风纱帐之后也别有意趣。美术馆位于近铁奈良线的学园前站以北约两公里处。绿林环绕。读者若有机会请一定要去看看。

绢本 杨贵妃 上村松园 绘 日本松伯美术馆藏

另外，旧著中留下了不少令人在意的排版错误以及事实关系暧昧不清的地方，但我相信在学术文库校阅部的极大努力下，这些问题都能够一气解决。在此向各位负责校阅的同仁表示深深的谢意。

二〇一九年三月 于冬藏书屋南窗下

村山吉广

译后记

　　村山吉广教授，1929 年 12 月生于日本埼玉县。早年毕业于早稻田大学文学部，任该校文学部教授，1999 年荣休，是日本著名汉学学者，曾担任日本诗经学会会长，日本中国学会顾问等。他对中国古典文学的研究涵盖经、史、子、集等诸多方面，涉猎广泛，博古知今。他不但于《诗经》学研究独辟蹊径，同时对日本江户、明治时代的汉学发展情况也进行了深入探讨。村山先生曾留学英伦，又于 1995 年访学中国，先后于北京大学、复旦大学查阅资料，热衷于实地走访考察，这都为他日后的研究创作打下了深厚基础。

　　传记文学的写作在作家和学者身上往往表现出截然不同的创作理念和风格取向。村山先生在后记中提到他的老师大野实之助先生的《杨贵妃》（春秋社，1969）一书便是那个时代的先驱性力作，而中国读者更为熟悉的恐怕是小说家井上靖创作的版本。井上版《杨贵妃》（林怀秋译，陕西人民出版社，1984）的笔调介于作家和学者之间，既基于大量的历史考证又结合了奇幻浪漫的想象，使得杨贵妃美貌、痴恋、单纯的形象经久不衰。另外,远藤实夫《长恨歌研究》、石田干之助《长安之春》、藤善真澄《安禄山与杨贵妃》等一系列传记学术书籍的喷涌也体现出日本学界对李杨爱情和大唐盛衰的特别偏爱及狂热追捧。几年前,根据梦枕貘《沙门空海之大唐鬼宴》所改编的电影《妖猫传》横空出世,对"杨贵妃之死"的思考和追寻再度引发热潮。

日本人杨贵妃情结的起源在本书的第八章《杨贵妃与日本文学》中有介绍:

《枕草子》中有"文是:《文集》、《文选》"的记载。《文集》自然是指白乐天的《白氏文集》,其中收录了《长恨歌》。平安时代的贵族知识分子们爱读《文集》中的《长恨歌》,借由它而醉心于杨贵妃的故事。

白居易辞世的前两年(844),遣唐使惠萼将67卷本的《白氏文集》带回了日本,白诗中闲适、感伤情绪的作品迅速得到日本宫廷贵族、文人学子的极大青睐。整个平安时代所散发出的细腻敏感、精致典雅的气质风格便深受其影响。杨贵妃在《长恨歌》和盛世大唐的加持下,始终在东瀛彼岸熠熠生辉,村山先生也在本书中利用此诗作为串联章节的线索,进行了全文的引用和解读。

本书共有两个版本,一为中公新书版(1996),一为讲谈社学术文库版(2019),后者对排版错误和表述模糊的部分做出了修改和调整,而本译稿又在这基础上进行了更为精审的校对和考证,期望在学术价值方面可以略补原本之失。全书分为八个章节（附《玄宗·杨贵妃略年表》），第一章介绍了玄宗及其时代，第二至第六章不惜笔墨地描绘了李杨爱情的离合悲欢，最后两章则特别论及了关于"杨贵妃之死"的传说，以及中日两国文学世界中的杨贵妃形象。用作者本人的话来说："本书不单单是记述杨贵妃的生活轨迹和人物形象，还有志于对这个生动活现的盛唐时代之历史、文化、社会作细致入微的描写。"（学术文库版后记）为此，作者不厌其烦地罗列了大量相关的原始典籍，书中亦随处可见他亲身实践的足迹。在他看来，祛除历史的有色评价，本书的主人公杨贵妃不过是个"可爱的女人"，他执笔的动机也是"与时俱进地描写杨贵妃"（前言）。

由于史料记载有限，笔记、传说便成为填补空白的重要材料，而如何把握事实与虚构之间所展现出来的艺术真实，村山先生借用了近松门左卫门"虚实皮膜论"的说法。这一主张出自穗积以贯所作《净琉璃评注难波土产》的序言部分，以往学者论述时多辗转征引，现将相关原文摘录如下：

芸といふものは実と虚（うそ）との皮膜（ひにく）の間にあるもの也。……虚にして虚にあらず，実にして実にあらず，この間に慰が有たもの也。（所谓艺，介于实与虚的皮膜之间。……虚而不虚，实而不实，此间有慰者也。）

顺着杨贵妃的一生，玄宗及肃宗时代的各色人物粉墨登场，将与之相关的记述一一排布开来，充分展现出了作者搜集和分析史料的深厚功力。此外，频繁引用日本学者的论著为佐证，是本书的另一大特点，这些资料大多不易寻得，代表了当时日本学界的研究水平，极具参考价值。例如在讨论安禄山是否一开始就有反叛之心时，村山先生赞同清水泰次的否定观点（《论安禄山谋反》）；在论述杨妃与梅妃乃截然不同的两种（丰满型与清秀型）的美人时，则征引了考古学家原田淑人的唐俑考古之实践经验。

本书的写作对象原本是日本的普通读者，因此在文中多次将中国重大人物及历史事件与日本古代史相比拟。例如村山先生谈及安禄山在叛乱前夕一直厉兵秣马，直至有京官到来便矫诏称奉密旨讨伐杨国忠，这好比日本战国史上著名的"本能寺之变"。原本被派去支援丰臣秀吉的明智光秀在越过老之坂后高喊"敌人在本能寺"，从而攻陷京都而导致大名织田信长身死。再如由于杨贵妃殒命马嵬之后尸骸却一直没有被找到，坊间便流传出了贵妃还活着、甚至远渡日本的风闻，这也与日本民间盛行的"成吉思汗即义经""秀赖藏匿在萨摩""西乡隆盛去了哪里"等传说殊途同归。

关于译介本书的缘由，在此可略作交代。

那是我们硕士阶段尾声的一次师门读书会上，彼时尚受疫情影响，很多工作无法展开，大家都对被扰乱了节奏的学习和生活表现出些许迷茫和无力，童岭老师对此亦颇为感慨，但他还是鼓励大家要调整好心态，充分利用这段时间好好读书。我们在之后的邮件中便收到了导师布置的一个"小作业"：试译两页汉学著作——《杨贵妃:大唐帝国的荣华与衰亡》来检验一下自己日语水平。自入童门伊始，童老师在每一年的新生见面会上都会给新入学的同门提及在南京大学念文学硕士应尽力达成的三点要求：一是完成一篇达到学术发表水平的书评，二是完整翻译一篇外文汉学著作，三是能够点校一本古籍。这番汉学试译也可算作我们求学之路上的一次阶段性试炼罢。复课之后，我们很欣喜地收到了山西人民出版社谈下这套人物传记译著版权的消息。童老师本人承担了"溯源译丛"中《项羽》一书的翻译工作。他笑称自己一个人去着力"灭秦"了，这"覆唐"的任务，便引介他的好朋友中山大学中文系李晓红老师带领我们两位女生去完成。

我们四人组建的"杨贵妃"工作小群从创建之初，就洋溢着"开疆拓土"的蓬勃朝气，不论是夜半时分还是年节之下，关于译介过程中一个用词的拿捏抑或一条典籍的比对，总能产生一场热烈的讨论。老师们广阔的研究视野和严谨的学术态度令我们获益匪浅，真应了那张表情包的配文："说实话，在这个群里哪怕不说话，只看聊天记录，都深受启发"。

在翻译过程中，李老师的坐镇把关仿若定海神铁，没有她，我们的译文准确性和考证精深度恐怕要大打折扣。书中许多精彩的注释皆出自李老师之手，例如第二章第一节对杨太真生而有玉环的史源交待。李老师考证出村山先生所引唐元虚子《杨太真说》一书的文本最早出自明万历曹学佺序、黄正位校《瑯嬛记》卷下"玄虚子《仙志》"。该段文字内容被反复征引，广泛影响了晚明以来人们对杨贵妃的认识。再如第七章第五节中村山先生引诗将"帝闲天骥云雷駃"讹为"帝闲天骥云雷驶",李老师据明刻本校勘出"驶(駛)"字当作"駃"、"駃"通"快",而清代以来传本则将"駃"误为"驶(駛)"。清楚地还原了文本的致误过程,以及由此导致的作者解读偏差,真可谓酣畅淋漓!

老辈学者引文摘句多信手拈来,其错漏、误出不可用现在的学术标准来苛求;而由于文化隔阂造成的解读失误也是在所难免,例如作者将公主的丈夫"驸马"误认为马夫、将"治鸡坊"误为专名等等——这些问题我们在注释中都有所说明,期望能有益于读者的阅读。不过瑕不掩瑜,若通读全书,想来作者广博清晰的史料整理能力、宛转华美的语言功底以及字里行间蕴含的深切情感,都会给读者留下深刻印象。

这套人物传记译丛在动工之初,童老师就给我们提供了译著体例方面的三条参考:一、如有学术性错误,最好不要径改,要出译注。二、涉及日本文学、日本学术、日本地名的,一律出注,以方便中国读者。三、涉及中国古籍,如果原著有加工、增删性质的日译,最好回译为现代汉语并注明原始出处。这一条最早由林晓光老师在武汉的"译者联盟"会议中提出,得到了与会学者的一致认同。除这三条外,本译稿还需增补一些体例,在此说明:

(一)本书日文原著没有注释,所有的脚注皆为译者、校者所加。(二)在回译中国诗歌时,删去了作者的逐句训读。(三)译稿正文适当保留了一些日语词汇,并以脚注形式作出解释，希望能留存作者文字的原味。（四）译稿的纪年完全统一为年号纪年，并在第一次出现时以括号阿拉伯数字的形式随文标注公历纪年。作者原文中"天宝三年"至"至德二年"之"年"统一改为"载"。（五）书中所引用的古日语文献，包括俳句、川柳、谣曲、物语等，由于译者能力有限，皆在注释中保留了日文原文，敬请方家指正。（六）本书中的插图，无特别交代者，均出自原书。

本译稿还是2023年度教育部中华优秀传统文化专项课题（A类）"隋唐历史文化认同与中华民族的发展研究"项目的阶段性成果之一。在此，首先要感谢山西人民出版社的总编辑梁晋华先生，本译稿能够列入"溯源译丛"并顺利出版，离不开他的全局把控。也要感谢策划编辑崔人杰先生的统筹协调与精心编校，若非如此，我们的工程也许将遥遥无期了。我们还非常荣幸地邀请到了叶炜、唐雯、童岭这三位在唐研究领域独当一面的专家学者来为本译稿撰写推荐词。此外，日本法政大学石硕准教授、上海外国语大学日本文化经济学院陆晚霞教授、南京大学外国语学院日语系黄一丁助理研究员等老师在古日语文献翻译方面为我们提供了极为有效的参考和帮助，亦表谢忱。最后还要感谢同门师兄弟姐妹们一直以来的关注和支持。

此次能够顺利完成翻译、校对和考证的全部任务，对我们来说都是极为珍贵的机会和体验。不过，由于目前我们的语言水平及学术认知还存在许多不足和缺陷，本译稿难免有粗疏之处，敬请各位读者海涵。着手跟进一遍译书、校书、出书的全过程，方知学术研究与出版的不易。这一年多的切磋琢磨，一字一句皆凝练着我们与大唐的缘分、与杨贵妃的羁绊。时间转瞬而逝，伴随着"覆唐""幕落"的句点，2023年也将近尾声。新雪初降，万物轮回，怀揣这场旧梦，更盼下一征程。

虞薇　费悦

2023年12月12日